Kavalkade
Ratgeber

Ulrike und Christiane Gast

Der richtige Sitz – die Reiterhilfen

KOSMOS

Grundlagen außerhalb des Sattels 4

Sitz(-arten) 14

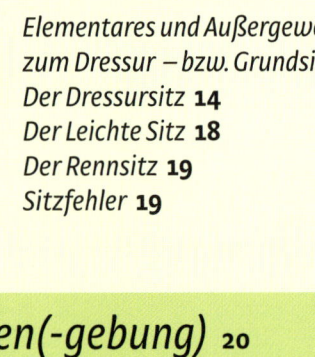

Hilfen(-gebung) 20

Ausbildungsskalen 29

Das Mini-Lexikon 31

Service 46

Grundlagen außerhalb des Sattels

Alle Achtung! Da gibt es schon unzählige Werke zu dieser Thematik, aber – mit dem sicheren Gespür dafür, doch wieder etwas anderes in den Händen zu halten – haben Sie/hast Du zugegriffen!

Dieser „Mut" verdient es natürlich belohnt zu werden und zwar mit einem kompetenten Einblick in/über/um/auf Alles, was mit Sitz und Hilfen zu tun hat!

Mit Recht erwartet und erhält der/die Leser/in hier also ein MEHR an

▸ Grundsätzlichem
▸ Hintergründigem und
▸ Informativem!

Und damit das im Sattel mit der komplikationslosen Kommunikation auch wirklich klappt, ist das erste Kapitel all dem gewidmet, was der/die Reiter/in bereits neben dem Sattel tun kann bzw. sollte! Deshalb ist dieses Kapitel natürlich auch total interessant für andere Pferdesportler, z. B. Voltigierer.

Natürlich lernt man REITEN nur durch REITEN ... diese uralte Weisheit erlauben wir uns jedoch etwas zu dehnen: REITEN lernt man noch schneller – noch besser, wenn man alle am Reiten beteiligten Körperpartien bzw. Gelenke, Bänder und Muskeln und auch die Psyche bereits neben dem Sattel trainiert bzw. fit hält. Wer dann erst einmal den Nutzen der „Trockenübungen" gespürt hat, der kommt dann nicht nur im Sattel viel schneller viel weiter, der ist auch das beste Beispiel bzw. die beste Werbung für das Fitnesstraining ohne vierbeinigen Partner. Warum das früher kaum eine Rolle spielte und heute äußerst wichtig ist, ist schnell erklärt, aber anscheinend nicht so ganz einfach zu begreifen – ansonsten wäre die Schar der Einsichtigen bzw. Überzeugten sicherlich viel, viel größer.

Es ist noch gar nicht so lange her, da waren wir alle – global gesehen – viel weniger mobil als heute. Allerdings war das auch die Zeit, in der jeder Einzelne für sich allein betrachtet viel mobiler war als heute. Laufbänder, Rolltreppen und Aufzüge waren früher die Ausnahme; ebenso wie Arbeitsplätze, bei denen fast ausschließlich gesessen wurde. Inzwischen gibt es so viele Maschinen, die uns alltägliche Arbeiten abnehmen oder so vereinfachen, dass unsere Lebenswelt eine komplett andere geworden ist. Arbeits- und leider allzu häufig auch das Freizeitverhalten sind geprägt von Bewegungsmangel, zumeist sitzenden Tätigkeiten oder fest vorgegebenen, sich permanent wiederholenden Bewegungen und nicht zuletzt auch von anderen Ernährungsgewohnheiten und Stress. Folge von Bewegungsmangel und/oder einseitiger Beanspruchung in Verbindung mit falscher oder unausgewogener Ernährung und evtl. sogar noch psychischer Belastung ist ein zunehmend „kaputter" Körper – der weder gewünscht reagiert noch (sportlich) belastbar ist. Was tun, um diesen Teufelskreis zu durchbrechen oder gar nicht erst hineinzugeraten? Nun, der erste Schritt ist ja bereits getan:

FREIZEIT = REITZEIT!

Sport betreiben (wollen) und sportlich richtig fit sein, muss im 21. Jahrhundert allerdings nicht unbedingt schon identisch sein. Gerade Erwachsene – zunehmend leider auch immer mehr Kinder und Jugendliche – können bereits unter allerlei Wehwehchen und unerkannten Defiziten leiden, bevor es sie auf den Rücken der Pferde zieht. Diese Probleme gilt es zu erkennen und zu benennen, um sie dann mit Hilfe der eigenen Energie, des Pferdes und des Ausbilders systematisch anzugehen. GESUNDHEITS- und FITNESS-ASPEKTE zu ignorieren mindert nicht nur die LEBENSQUALITÄT, sondern auch die KOMPETENZ IM SATTEL!

Um nun die eigene sportliche Leistungsfähigkeit abzuklären, gibt es zum einen die Möglichkeit in einem Studio oder Verein einen Muskelfunktionstest zu absolvieren und zum anderen die Variante z. B. gemeinsam mit Freunden oder dem eigenen Reitlehrer (wenn schon vorhanden) Beweglichkeit und Kraft zu testen. Sollte Ihr/Dein/Euer Reitlehrer vielleicht darin noch nicht ganz so routiniert sein wie in der Unterrichtserteilung, braucht er/sie sicherlich nicht lange überzeugt werden. Reitlehrer(innen), die mit ermitteln/wissen, von wem sie was wie wann verlangen können, sind ihren Kolleg(inn)en sicherlich um einiges voraus, pferdefreundlicher und letztendlich **erfolgreicher**!

Übersichtsgrafik von zur Abschwächung und Verkürzung neigender Muskulatur mit Einfluss auf die Haltung.

Und damit das mit dem Testen von Beweglichkeit und Kraft auch für Ungeübte(re) – mit Partner- oder Ausbilderhilfe – möglich wird, hier einige Basisinformationen und Überprüfungsmöglichkeiten.

Muskuläre Dysbalancen (also eine sich nicht in Balance befindliche Muskulatur) sind sozusagen die Quittung für Bewegungsmangel oder einseitige Beanspruchung. Haltungsfehler, Rückenprobleme und Verspannungsschmerzen, ja sogar veränderte Ganzkörperstatik heißen die Resultate des Desasters. Schuld daran sind eigentlich immer die gleichen Muskeln, die (durch mangelnde Beanspruchung) zur Verkürzung oder zur Abschwächung neigen und die es wieder zu aktivieren bzw. zu stabilisieren gilt.

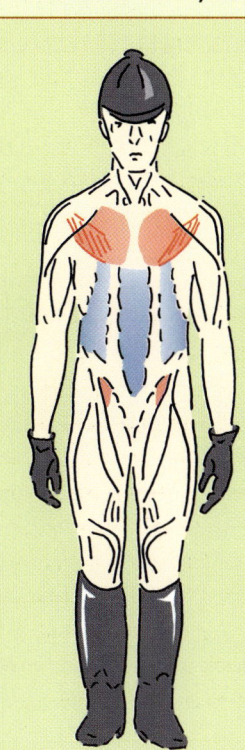

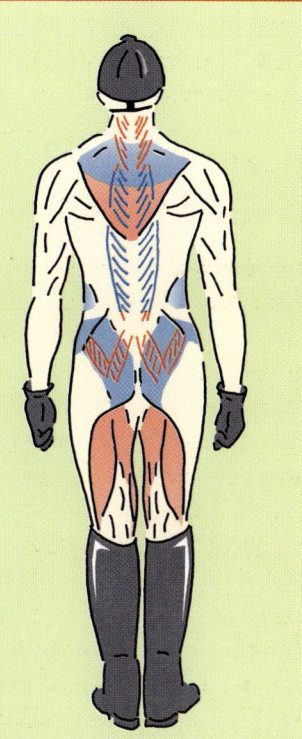

Abschwächungsgefahr (blau gekennzeichnet):
▸ *großer und kleiner Rautenmuskel*
▸ *(ansteigender und mittlerer Anteil des) Kapuzenmuskel*
▸ *Rückenstrecker BWS-Bereich*
▸ *gerade und schräge Bauchmuskulatur*
▸ *Gesäßmuskulatur*

Verkürzungsgefahr (rot gekennzeichnet):
▸ *großer und kleiner Brustmuskel*
▸ *(absteigender Anteil des) Kapuzenmuskel*
▸ *Rückenstrecker HWS- und LWS-Bereich*
▸ *Lendendarmbeinmuskel*
▸ *(rückwärtiger) Oberschenkelmuskel*

Anmerkung: *Da die benannte Muskulatur teilweise „übereinander" liegt, wurde die „weiter innen" liegende zum Zweck der Unterscheidung mit Strichen markiert. Die äußere/überlagernde Muskulatur ist entsprechend flächig eingefärbt.*

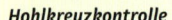

Hohlkreuzkontrolle

Kontrolle der Dehnfähigkeit der vorderen Hüftmuskulatur.

Überprüfung der Dehnfähigkeit der Oberschenkelvorderseite.

Reiten ist nicht nur ein „livetime Sport" – Reiten ist auch ein Ganzkörpersport! Da also der ganze Körper fit sein sollte, checken wir/Sie die „Problemzonen" damit von Beginn an „gutes Reiten" und nicht „schlechtes Reiten" möglich ist. Das ist durchaus machbar, wir helfen Ihnen/Euch nämlich nicht nur evtl. Defizite aufdecken, sondern zeigen auch in Wort und Bild (direkt anschließend) Übungen auf, die – konsequent trainiert – helfen fitter zu werden oder ganz einfach nur fitter zu bleiben.

Um nun – nach der ausführlichen Begründung – möglichst viele Informationen platzsparend unter zu bekommen, ist der nachfolgende Text im Telegrammstil verfasst bzw. beschränkt sich auf Schlagworte und Bilder. Wem das dann alles noch nicht reicht, der/die besorgt sich bitte – z. B. mit Hilfe der Literatur- und Internettipps auf Seite 13 und 46 weitere Anregungen! Außerdem befinden sich Text und Fotos nicht unbedingt auf der gleichen Seite bzw. ergänzen einander.

Kleiner Beweglichkeits-Check

z. B. Rückenstrecker im Bereich der Lendenwirbelsäule:

Auf Ball oder Hocker sitzend den Oberkörper (OK) nach vorn beugen, Arme hängen lassen. Die Krümmung im Bereich der Lende sollte dann nicht mehr erkennbar sein, wenn doch vermutlich verkürzte Rückenmusku-

latur im Lendenbereich (evtl. einschließlich Hohlkreuz – siehe Foto).

z. B. vordere Hüftmuskulatur (siehe Foto)

In Rückenlage auf Bank oder Tisch gemäß Foto zunächst die eine, dann die andere Seite überprüfen. Wichtig: Beine frei über Kante & keine Ausweichbewegungen im Rücken. Wirbelsäule hat auch im Bereich der Lende Unterlagenkontakt!!! Oberschenkel des herabhängenden Beines etwas unter der Horizontalen = unbedenklich/normale Dehnfähigkeit.* Oberschenkel horizontal zum Boden oder gar darüber = Achtung Muskelverkürzung.*

z. B. Oberschenkelvorderseite

Entweder stehend (wie auf dem Foto) oder bei Balanceproblemen analog liegend. Wenn Ferse Gesäß noch berührt = unbedenklich/normale Beweglichkeit.* Wenn Hacke Gesäß nicht mehr erreicht = Achtung eingeschränkte Beweglichkeit.* (Nichts für Personen mit Knieproblemen oder Kreuzband- oder Meniskus-OP! – siehe Foto).

*Alle Angaben sind **Richt**werte! Zur endgültigen Abklärung bitte Arzt oder Krankengymnast aufsuchen!

Überprüfung der Dehnfähigkeit der Unterschenkelrückseite.

Training der Unterschenkelmuskulatur (hier Gegenstellung zur Dehnposition).

Armkraft-Kontrolle / Training

z. B. Unterschenkelrückseite

Auf einem Absatz/einer Stufe nur mit den Ballen stehend Position nach unten verlagern (siehe Foto) – erkennbar unter der Horizontalen = unbedenklich/normale Beweglichkeit.* Kaum bis gar nicht unter der Horizontalen oder gar darüber = Achtung, eingeschränkte Beweglichkeit.*

Auch die Beweglichkeit und Stabilität des Oberkörpers (=OK) kann/sollte getestet werden

insbesondere dann, wenn auf die OK-Haltung bisher wenig Wert gelegt wurde und der Ausbilder außergewöhnlich oft empfiehlt: „Schulterblätter zusammen nehmen!"
Wir schenken uns hier die weiteren Testmöglichkeiten, um noch mehr Platz für Kräftigungsübungen zu haben. Bevor wir jedoch zu den Tipps zur Verbesserung von Beweglichkeit und Kraft kommen, hier noch schnell ein ...

Kleiner Kraft-Check

Der fällt insbesondere auch daher so knapp aus, da Ergebnisverfälschungen durch Ausweichbewegungen/Mogeln durch den ungeübten Beobachter viel schwieriger zu erkennen sind als z. B. bei der Überprüfung der Beweglichkeit.

z. B. Bauchmuskulatur

Rückenlage mit angewinkelten Beinen (Winkel unter 90°) und aufgesetzter Ferse, die Hände vor der Brust verschränkt. OK soweit wie möglich langsam vom Boden lösen/anheben. Lösung vom Boden inkl. Schulterblattspitzen = kein Kraftdefizit!*

Alternativ (evtl. mit 2 Personen zum Sichern auf OK-Seite)

Quersitz auf Kasten oder Holzpferd. Einem gleich großen/stabilen Helfer werden die Beine zwecks Stabilisation unter die Arme geschoben. Dann OK mit Händen an Hosennaht nach hinten bewegen (ca. bis eine aufgestellte Hand über der Senkrechten) und halten! Kopf nicht in den Nacken nehmen, nötigenfalls Kinn auf die Brust nehmen! 10 – 12 Sekunden „Haltbarkeit" = kein Kraftdefizit*, weniger als 5 Sekunden = Kraftdefizit!*

z. B. Rückenstreckmuskulatur

Achtung bei Vorschädigungen/Schmerzen im Bereich der Lendenwirbelsäule Arzt aufsuchen!
Bauchlage auf Tisch oder Bank. Beine liegen nicht auf. Unterschenkel langsam in die Horizontale heben und dort halten. 10 – 12 Sekunden „Haltbarkeit" = kein Kraftdefizit.*

Alternativ:

Beine von unten in die Horizontale bringen.

Weitere Alternative:

Aus Quersitz auf dem Kasten/dem Holzpferd in Bauchlage drehen. Helfer Beine zwecks Stabilisation unter die Arme schieben. OK hat keinen Kontakt zur Auflage. Arme an Hosennaht. OK aus „Tauchposition" bis zur Horizontalen heben und auf Niveau halten. 10 – 12 Sekunden „Haltbarkeit" = kein Kraftdefizit*, weniger als 5 Sekunden = Kraftdefizit.*

z. B. Armmuskulatur

(Ist nicht unwichtig beim Reiten; natürlich nicht um permanent eingesetzt zu werden = „5. Bein", sondern um im Falle X zupacken bzw. durchgreifen zu können!)
Zwei gleich große Partner rechts und links frontal vom in Brusthöhe eingestellten großen Kasten oder Holzpferd (siehe Foto). Partner eins legt die Oberarme auf, Unterarme und Hände jeweils im (rechten) Winkel dazu. Partner zwei versucht – Ellbogen aufgesetzt, kurz vor dem Handgelenk greifend – die Unterarme des Partners zu sich zu ziehen. Person eins versucht Position einzuhalten. Sind die Partner einigermaßen ebenbürtig und kann Person eins die Position 10 Sekunden oder länger halten = normale Kraft.* Weniger als 5 Sekunden „Haltbarkeit" = Kraftdefizit.*

Ab hier nun eine kleine Fotoserie zum: Lockern, Dehnen und Kräftigen!

Lockerung der mittleren und unteren Rückenpartie ...

... durch „Umsetzen" links & rechts neben den Unterschenkeln.

Nach der Überprüfung von Beweglichkeit und Kraft nun zum versprochenen Übungspaket zur Konservierung und vor allem zur Verbesserung von Dehnfähigkeit, Stabilität und Funktionalität. Wer sich aus den folgenden „Scheitel bis zur Sohle"-Angeboten immer wieder sein ganz persönliches FIT IN DEN SATTEL-Programm zusammenstellt und durchzieht, kann auch bei lediglich einer bis zwei Reitstunde(n) pro Woche Beachtenswertes erreichen.

Sie können die Übungen entweder in Ihr Walking/Jogging-Programm einbeziehen oder ein separates Fitness- bzw. Zirkeltraining (Lockern-Dehnen-Kräftigen) daraus machen. **Bitte vergessen Sie weder das Aufwärmen noch das Cool-down und muten Sie sich gerade zu Beginn nicht zu viel zu.** Die Belastungszeit für Untrainierte sollte bei 20, max. 30 Sekunden liegen und die Pausen zwischen der Wiederholung/neuen Übung 40 – 80 Sekunden.

Locker werden und bleiben bzw. auch kräftigen durch Übungen auf dem großen Ball.

Dehnung der inneren Oberschenkelmuskulatur.

Dehnung der Wadenmuskulatur (Fußspitzen zeigen nach vorn!).

Steppertraining lässt häufig auch den „Knoten" bei der richtigen Hilfengebung platzen.

Lockern, dehnen und kräftigen
Und auf geht's ...

z. B. zur Lockerung der Schulterpartie
Um auch schon etwas für Gesäß und Oberschenkel zu tun, etwas mehr als hüftbreit mit leicht gebeugten Knien stehen.

- Schulterkreisen rückwärts
- mit den Fingern bei seitwärts ausgestreckten Armen immer größere Kreise in die Luft malen
- „Nickerchen"-Position = Kopf in angewinkelten Arm „legen", daraus Arm soweit als möglich Richtung Wirbelsäule ziehen & mit Kopf über entgegengesetzte Schulter zurück blicken – 2 – 3-mal wiederholen, dann Arm/Seite wechseln
- im Gehen: Arm pendeln/ausschütteln
- „Obst pflücken"
- Ball um den Körper wandern lassen.

z. B. Kräftigung der Schulter-, obere Rückenmuskulatur
- Arme in Schulterhöhe ganz ausgestreckt (oder im Ellbogen Unterarme nach vorn abgewinkelt). Bewegungsvorstellung: Schulterblätter weitest möglich einander nähern, als ob z. B. die Gerte dazwischen eingeklemmt werden sollte.

- in Bauchlage: Beine mehr als hüftbreit gegrätscht, Fußspitzen nach außen zeigend, Gesäßmuskulatur fest angespannt, um Hohlkreuz zu vermeiden evtl. zusammengelegtes Handtuch unter Bauch, Blickrichtung zu Boden, Kopf entweder leicht angehoben oder mit Stirn auf Unterlage liegend – keinesfalls in den Nacken nehmen. Nach vorn gestreckte Arme mit gegeneinander gepressten Händen werden (bei tiefen Schultern) entweder einfach nur gehalten oder ohne Spannungsverlust gebeugt und gestreckt. Bewegungsvorstellung: „Trockenschwimmen". Variation: Hände ergreifen jeweils den Unterarm direkt über den Handgelenken. Ellbogen werden von der Unterlage genommen und gegen den Griff auseinander gezogen.

z. B. Lockerung der mittleren und unteren Rückenpartie
- im Stehen: „Umspringen" mit Hüftdrehen bzw. Wedelhüpfer (wie von der Skigymnastik sicherlich bekannt). Schon ausprobiert auf einem mit einer Holzrolle unterlegten Brett stehen zu bleiben und evtl. sogar noch etwas zu jonglieren?

Training der (schrägen) Bauchmuskulatur.

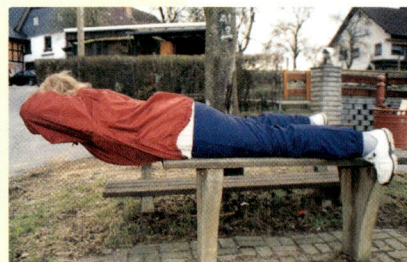

Training der Haltekraft des Rückens.

Ganzkörperstabilisation

▸ im Sitzen: aus dem Fersensitz am Boden leicht aufrichten und 2 – 3-mal abwechselnd zur rechten und zur linken Seite neben den Unterschenkeln/Füßen absitzen (siehe Fotos S. 8)

▸ aus dem Sitz auf dem Ball die Beine wechselseitig nach vorn wegstrecken (Kosakentanz mit und ohne Armbewegung).

Dehnung der Wadenmuskulatur

Siehe Foto: bitte beachten, dass die Hüfte nicht seitlich ausweicht oder die Füße nicht in die gleiche Richtung wie die Knie zeigen. Natürlich sind beide Seiten zu dehnen. Natürlich ist auch ein Fersenstand-„Wettkampf" gegen die Uhr oder (einen) Partner denkbar. Wer hält am längsten die Stellung?

Dehnung und Kräftigung der Bein und Gesäßmuskulatur

… kann aber auch auf dem Stepper trainiert werden. Die Grundhaltung ist aufrecht, wobei sich die Schultern im Lot über den Hüftgelenken befinden sollten, die Kniegelenke sind gebeugt. Eine gebeugte Hüfte und durchgedrückte Knie sind – nötigenfalls durch den Einsatz eines großen Spiegels – zu vermeiden. Häufiges Training in kurzen Trainingsabschnitten ist übrigens erfolgreicher als ein einmaliges langes Training in der Woche.

z. B. Kräftigung/Stabilisation des unteren und oberen Rücken- sowie Schultergürtels

im Stehen. (Zur Erinnerung: mehr als hüftbreit mit leicht gebeugten Knien und möglichst gleichmäßig/ganz belasteten Füßen.) Die Gerte (oder einen Holzstab) an der Wirbelsäule (= WS) anlegen und am besten im Bund der Sporthose fixieren. Bewegungsvorstellung: Die ganze WS (abgesehen von der Halspartie) nimmt Kontakt zur Gerte auf/erfühlt diese. Aus dieser Ausgangsposition kann der OK nun gerade vorgebeugt und wieder aufgerichtet werden. Mit einem sicheren Körpergefühl für geraden Rücken (ohne Hohlkreuz) kann die Gerte auch quer über die Schulter laufen und gehalten werden.

Neben Vorbeugen und Aufrichten kann dann auch noch geübt werden, den OK leicht nach links/rechts zu drehen (Becken **nicht** mitdrehen! Ellbogen nicht nach vorn ziehen!). Außerdem kann die Gerte aus der Schulterlage in gebeugter Position in Verlängerung des OK gestemmt und wieder abgesenkt werden.

Bei extrem verkürzter Brustmuskulatur oder starkem Rundrücken wird von der Brust aus gearbeitet, um Ausweichbewegungen direkt zu vermeiden. Wem das so zu anstrengend oder zu wenig motivierend erscheint, der kann diese Übungen auch auf einem großen Ball machen (siehe Foto S. 2).

Apropos großer Ball:

▸ Ball mit dem Gesäß und hängenden Armen abwechselnd nach vorne und hinten oder rechts und links rollen.

▸ Mit oder ohne Partnerhilfe das Gleiche auf dem Ball kniend.

▸ Im Sitzen abwechselnd ein Bein oder gar beide gleichzeitig anheben.

▸ Locker auf dem Ball auf- und abfedern/wippen oder im Sitzen den OK (wie beim Leichttraben) nach vorn oben verlagern, das Gesäß leicht abheben und wieder setzen.

▸ Oder ganz einfach ohne Bodenkontakt das Gleichgewicht halten (siehe Foto S. 8).

Ganzkörperstabilisation in Bauchlage:

den OK auf den angewinkelten Unterarmen abstützen, die untere Partie (Beine sind leicht gegrätscht) ruht auf den Zehenspitzen. Bauch-, Gesäß- und Rumpfmuskulatur sind angespannt, Po hängt keinesfalls durch! Position entweder mehrere Sekunden halten oder – für Geübte – abwechselnd ein Bein nach dem anderen leicht vom Boden heben ohne die Achsen zu verzerren (siehe Foto).

Sprungkrafttraining ist nicht nur etwas für Vierbeiner.

Laufen am Platz mit rhythmischem Aufsetzen des Spielbeins auf der Stufe.

Kräftigung der Bauchmuskulatur

In Rückenlage mit auf einem kleinen Kasten oder Spänesack aufgelegten Unterschenkeln OK anheben (Ellbogen neben/hinter Kopf). Wird der OK gerade Richtung Knie geführt, wird die gerade Bauchmuskulatur trainiert.

Die schräge Bauchmuskulatur wird durch diagonales Anheben des OK trainiert (ein Ellbogen zeigt Richtung Knie, der andere nach hinten.

Natürlich können auch die im Test beschriebenen Übungen mit dem großen Kasten/Holzpferd und Partnerhilfe zum Training herangezogen werden.

Kräftigung/Koordination der Beinstreckmuskulatur

▸ Seilspringen in allen Variationen (siehe Foto).

▸ Laufen am Platz eines kleinen Kastens oder einer Stufe, wobei nach drei Schritten der Fuß des jeweiligen Spielbeins kurz den Kastenrand/die Stufe berührt. Dann wieder drei Schritte laufen. Bei richtiger Ausführung wechseln rechter und linker Fuß auf Stufe regelmäßig (siehe Foto).

▸ Außerdem Laufen/Springen um/über Bananen-Kartons in verschiedenen Abständen und Höhen.

Liegestütze im Reifen – wer bringt diesen Propeller/diese Uhr so richtig in Gang?

▸ Oder mit Partner (gleich groß) Rücken an Rücken lehnen; Arme hängen lassen und langsam in die Hocke gehen und wieder aufrichten oder in abgesenkter Position vorwärts, seitwärts oder rückwärts durch den Raum laufen oder kleine Hindernisse (z. B. ein Cavaletti) überwinden.

Kräftigung der Armmuskulatur

▸ Neben den im Test bereits vorgestellten Übungen über den Kasten/das Holzpferd ist es z. B. möglich, eine lange Bank in der Turnhalle in die Sprossenwand einzuhängen und sich nur mit den Armen die komplette Bank nach oben zu ziehen (Achtung nicht ganz wieder absetzen und aus dem Rücken wieder anheben!).

▸ Wem diese Geräte fehlen, der spielt mit einem Partner und z. B. einem Gymnastikreifen „Propeller": Die Füße befinden sich in Liegestützposition (vorlings oder rücklings) in 6-Uhr-Stellung im Reifen. Die Partner starten in die gleiche Richtung (versuchen vielleicht sich einzuholen/abzuschlagen) ein Dritter achtet auf die Ausführung der Liegestützhaltung (s. Foto).

▸ Wem das noch nicht reicht, der kann in der Turnhalle an mehreren Tauen auch Tarzan spielen oder den Elefantenstand einnehmen (aus der Hocke auf beiden Händen abstützen; Ellbogen gegen Knie gedrückt, Gewicht so weit nach vorne verlagern, dass die Füße vom Boden abheben). Na wie wär's?!

Kräftigung & Koordination der Hand-/Fingermuskulatur

Insbesondere bei stark ausgeprägter Rechts- bzw. Linkshändigkeit sollte die entsprechend andere Hand „Aufholtraining" absolvieren. Je mehr beidhändiges Gefühl und Sensibilität desto besser (siehe Fotos).

Damit wären wir dann einmal von oben nach unten lockernd, dehnend und/oder kräftigend durch! Natürlich entscheidet der Leser selbst ob und wie häufig er/sie/es außerhalb des Sattels etwas für Fitness und Kondition im Sattel tut. Wer sich selbst jedoch regelmäßig und konsequent auf sein eigentliches Hobby vorbereitet, der darf an sich selbst und andere auch Ansprüche stellen. Wer aber geglaubt haben sollte, ein fittes Pferd allein wäre ausreichend, um gefahrlose und harmonische Stunden im Sattel zu verbringen, den haben diese Zeilen hoffentlich überzeugt. Und als ob das alles an Vorprogramm noch nicht genug sei, erlauben wir uns in den beiden nächsten

Und nicht zu vergessen: Kräftigung und Koordination der Hände/Finger durch Drücken eines Balles mit zwei Fingern ...

... durch Wandernlassen eines Balles durch die Finger ...

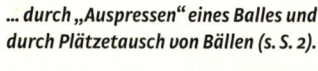

... durch „Auspressen" eines Balles und durch Plätzetausch von Bällen (s. S. 2).

Kapiteln genauer auf die „Technik" und das Gefühl zu Pferde einzugehen. Wer sich nämlich nicht nur übend und nachvollziehend, sondern auch gedanklich um das kümmert, was er tut und was er will, der hat viel mehr Möglichkeiten sein Hobby zu genießen und vieles zu entdecken was ihm/ihr sicherlich sonst verschlossen geblieben wäre. Also weiterhin viel Spaß mit der Lektüre und beim Eindringen in Wissenswertes, Unvermutetes und Überraschendes.

P.S.: Sollten Sie ganz spontan sein, dann empfehlen wir den **Ratgeber Voltigieren** gleich auch noch mitzunehmen. Da finden sich noch viele weitere Möglichkeiten zum *Lockern, Dehnen und Kräftigen* und das wie gehabt zu einem super Preis.

Darüber hinaus lohnt sich ein Blick in den **Motivationsabzeichen-Ratgeber**, denn da finden sich die *Gymnastik- und Koordinationsübungen im Sattel.* Letztendlich wird REITEN derartig betrieben noch mehr zum GESUNDHEITSSPORT bzw. zu einem unübertrefflichen, stets neu faszinierenden LIVETIME-SPORT!

Neben Pferd, Ausbilder und Fitness NICHT unbedeutend ...

... die sichere und zweckmäßige Ausrüstung!

Voltigierern ist Lockern, Dehnen und Kräftigen schon lange ein Begriff, und sie muten sich dem Pferd sogar erst dann zu, wenn's auf der Holzatrappe funktioniert.

Natürlich ist nicht nur die eigene Fitness von Bedeutung, damit das mit dem

BREITEN SPORT

auch funktioniert. Darüber hinaus ist auch der Ausbilder(!) sowie das zur Verfügung stehende Pferd(!) von Bedeutung und auch die AUSRÜSTUNG(!) ist nicht unwichtig – und die kann jeder selbst beeinflussen. Achten Sie unabhängig von der Reitweise – auf sichere und funktionelle Kleidungsstücke (s. Fotos). Entscheiden Sie sich im Zweifelsfall immer für „getüvte" Produkte, denn Gesundheit und Leben haben Sie nur einmalig zu vergeben!

„Gymnastik"-Internettipps

Kapitelabschließend in lieber Gewohnheit außerdem noch einige Internettipps:

▸ www.fitforfun.de
▸ www.sportunterricht.de
▸ http://focus.de/D/DG/DGC/dgc.htm
▸ http://sportmedizin.uni-paderborn.de/ VITAL& aktiv/bibliothek/bib/lex_bew.htm

Sitz(-arten)

Elementares und Außergewöhnliches zum Dressur- bzw. Grundsitz

Keine Sorge, wir möchten hier nicht die x-te Auflage der unterschiedlichen Sitzarten aufzählen, sondern kurz und präzise genau das wiedergeben/verdeutlichen, worauf es bei der Reiterei ankommt – auf den richtigen Sitz – ja, Sie haben richtig gehört: kurz und präzise und nicht in einem Text über „X"-Seiten (obwohl dazu wirklich viel geschrieben werden kann – doch in diesem Fall beschränken wir uns auf das Wesentliche und hoffen, es in der Kurzform trotzdem unmissverständlich rüberzubringen). Warum das alles so wichtig ist? – Ganz einfach, wahrscheinlich schon oft gehört, aber nicht bewusst darüber nachgedacht: **„Nur aus dem richtigen Sitz heraus erfolgt die richtige Einwirkung."** Um auch in den unterschiedlichsten Situationen (z. B. auf ebenem Hufschlag, beim Reiten über Cavalettis oder im Gelände) mit seinem Pferd im Gleichgewicht zu sein, unterscheiden wir verschiedene Sitzarten, bei denen der Unterschied in der Be- bzw. Entlastung des Pferderückens liegt:

- Dressursitz
- Leichter Sitz
- Rennsitz

Der Dressursitz

... oder auch Grundsitz genannt – da er die Basis aller Sitzformen ist, denn nur wer ihn richtig beherrscht, hat die Grundlage für die anderen Sitzarten geschaffen. Gekennzeichnet ist er:

- Durch einen aufrechten/gestreckten Sitz (Schulter – Hüfte – Absatz bilden eine senkrechte Linie) auf der das Knie nicht liegt.
- **Das Gesäß** ruht – auf beiden Gesäßknochen gleichmäßig verteilt – im tiefsten Punkt des Sattels.

Nur der korrekte Dressursitz erlaubt kompetente Hilfengebung.

Das Bewegungszentrum des Reiters: Nur wenn Grundspannung und Gefühl stimmen, klappt´s auch mit dem Sitzen.

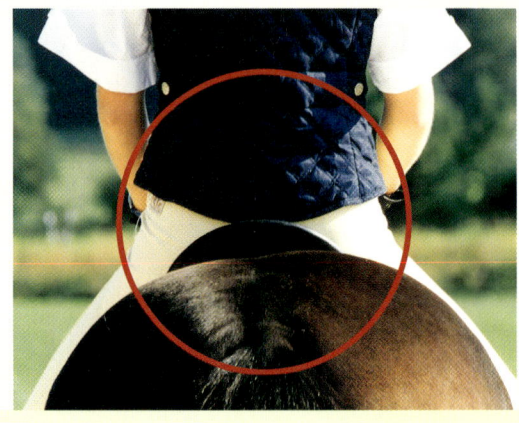

▸ **Die Oberschenkel** werden etwas nach innen genommen, damit das Knie flach am Sattel anliegen kann und soweit zurückgenommen, dass das Gewicht immer noch auf den beiden Gesäßknochen bleibt.

▸ **Das Knie** wird leicht angewinkelt, so dass sich der Fuß des Reiters unter seinem Schwerpunkt befindet.

▸ **Der Unterschenkel** liegt soweit nach „rückwärts" am Pferdeleib herab, dass die Linie Schulter – Hüfte – Absatz nicht verzerrt wird und hält mit der Innenseite der Wade Fühlung (Richtwert hier: Vorderkante Stiefelschaft = Hinterkante Sattelgurt).

▸ Die Bügel werden mit der breitesten Stelle **des Fußes** (Fußballen) aufgenommen (rutscht der Fuß bis zum Absatz durch, ist kein federn mehr möglich).

▸ **Der Absatz** ist der tiefste Punkt des Reiters.

▸ **Die Fußspitzen** sollen Richtung Pferdemaul zeigen (Achtung: nicht krampfhaft ein- oder ausdrehen!).

▸ **Der Oberkörper** ist aufrecht, so dass die Wirbelsäule über der Mitte des Sattels bleibt – mit einem gewissen Grad an Körperspannung ist zum Einen die Haltung gesichert (kein Hüftknick oder Hohlkreuz) und zum Anderen ein elastisches Mitschwingen mit der Pferdebewegung möglich.

▸ **Das Becken** muss den Bewegungen des Pferdes folgen (=*Mitschwingen in der Mittelpositur*).

▸ **Der Kopf** wird aufrecht und frei getragen und die Blickrichtung ist durch die Pferdeohren.

▸ **Die Schultern** werden soweit zurückgenommen, dass sich die Brust leicht wölbt (Achtung zwanglos und natürlich – nicht dabei verkrampfen (siehe Foto).

▸ **Die Oberarme** sollen mit entsprechend angewinkeltem **Ellbogen** locker am Körper anliegen.

▸ **Die Ellbogen, die Unterarme** und die Hangelenke bilden über den Zügeln bis zum Gebiss eine gerade Linie.

▸ **Die Hände** sind zur Faust geschlossen und werden aufrecht getragen, die Daumen liegen wie ein kleines Dach auf den Zügelenden (die Zügel laufen zwischen

Manchmal sollte / muss die Ausbilderin Hand anlegen, damit sich Fremd- und Eigenwahrnehmung einander nähern (die Schulterposition stimmt).

dem kleinen und dem Ringfinger in die Hand/Faust hinein und zwischen Zeigefinger und Daumen wieder heraus).

▸ **„Anwendungsgebiete":**
· die Sitzform, die einem Reitanfänger als erste beigebracht werden muss, daher wird er auch als Grundsitz oder Basis aller Sitzformen bezeichnet
· beim dressurmäßigen Reiten.

1. zentraler Aspekt:
Bewegungszentrum Becken/Hüfte Mitschwingen in der Mittelpositur

Hauptaugenmerk (ohne natürlich die anderen Körperteile zu vergessen) ist bei der Ausbildung (und auch danach) immer wieder der Mittelpositur zu schenken, egal welchen Sitz der Reiter gerade anwendet.

Wichtig ist in allen Fällen **das Mitschwingen in der Mittelpositur**. Die Voraussetzung hierfür ist die natürliche (nicht verkrampft hingesetzte) und losgelassene Haltung der Wirbelsäule und eine gewisse Körperspannung (elastische Spannung der Rumpfmuskulatur) sowie das **Mitgehen des Beckens** („Mitnehmen lassen") mit der Bewegung des Pferdes. Die Beckenbewegungen sind mehr oder weniger sichtbar, je nachdem welche Gangart geritten wird:

Im Schritt und auch **im Galopp** wird das Mitgehen in der Mittelpositur oft übertrieben, da es falsch verstanden wird und vom Reiter „erzeugt" wird. Dann sitzt der Reiter gegen die Bewegung des Pferdes und es kommt zu Taktfehlern oder gar zur Beeinträchtigung der Rückentätigkeit. Lässt er sich dage-

In jeder Position bitte immer passend ...

gen „mitnehmen", d.h. auf die Pferdebewegung ein, dann ist er automatisch im Rhythmus und kommt mit dem Pferd in Einklang.

Im Trab wird die Bewegung des Beckens durch ein ständiges leichtes „An- und Abspannen" der Rumpfmuskulatur erreicht. Aber auch hierbei (wie schon im Schritt und Galopp angemerkt) ist es so, dass der Reiter bei einer richtigen (Ganz-) Körperspannung aufgrund seiner Gleichgewichtsreflexe dieses Muskelspiel zulässt und nicht durch aktive Muskelarbeit hervorrufen muss.

Damit das gemeinsame Gleichgewicht von Reiter und Pferd nicht gestört wird, muss der Reiter auch im **leichten Sitz** in der Mittelpositur elastisch bleiben und kann somit den wechselnden Situationen der Schwerpunktverlagerung und des Tempos gerecht werden.

Empfehlenswert: Sich einlassen auf die Pferdebewegung, Balance- und Rhythmusschulung pur ...

... in allen drei Grundgangarten beim Voltigierbasistraining.

Beim **(Ab-)Sprung** neigt sich der Reiter aus dem leichten Sitz heraus geschmeidig in **der Hüfte** nach vorn und das Gesäß befindet sich am Sattel. In der **Flugphase** ist der Oberkörper (aus der Hüfte heraus) noch stärker vorgeneigt und das Gesäß ist dann entsprechend über dem Sattel. **In der Landephase** muss sich der Reiter geschmeidig der Schwerpunktverlagerung ("rückwärts") anpassen.

Beim Rennsitz "knickt" der Reiter so weit in der Hüfte nach vorn ab, dass sein Oberkörper annähernd parallel zum Pferdehals ist.

Natürlich darf nicht nur dieses in Augenschein genommen werden, denn zu einem guten Sitz gehört noch mehr und eigentlich lässt sich nun Folgendes auch ganz leicht nachvollziehen – selbst für etwas Ungeübte.

2. zentraler Aspekt:

Im nun Folgenden geht es um die **Achsen/Linien**, die bei allen Sitzarten (mehr oder weniger) eine Rolle spielen. Beim Dressursitz sind gleich zwei Linien / Achsen zu erkennen bzw. zu berücksichtigen: Da der Reiter aufrecht im Sattel sitzen soll/muss trifft ein vom Ohr über Schulter und Hüfte gefälltes Lot auf das Fußgelenk, das bedeutet, dass **Schulter, Hüfte und Absatz** eine Linie bilden.

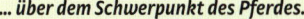

... über dem Schwerpunkt des Pferdes.

Von der Seite und von oben betrachtet „eine" Linie: Unterarm – Zügel – Pferdemaul

Eine zweite Linie finden wir bei einem gut sitzenden ausbalancierten Reiter noch im Bereich: **Unterarm – Zügel – Pferdemaul** und das sowohl von der Seite (für den Betrachter erkennbar) und auch von oben (aus der Sicht des Reiters).

Die erste genannte Achse/Linie geht beim korrekten leichten Sitz selbstverständlich verloren, aber die andere Linie soll möglichst weiterhin bestehen bleiben: sowohl beim Leichten Sitz, wie auch beim Rennsitz.

Und da nun schon einige Male erwähnt, nun auch die kurze Beschreibung des Leichten Sitzes und des Rennsitzes.

Der Leichte Sitz

▸ Unterscheidet sich augenmerklich dadurch vom Dressursitz, dass der Reiter die aufrechte Haltung des **Oberkörpers** aufgibt und sich aus der Hüfte heraus mehr oder weniger nach vorne neigt – das Gewicht wird dadurch vermehrt von Oberschenkel, Knie und Absatz aufgenommen.

▸ **Das Gesäß** bleibt bei geringerer Entlastung am Sattel und beim Springen (und auch bei höherem Tempo) kommt es vermehrt aus dem Sattel.

▸ **Die Mittelpositur** muss – wie schon erwähnt – elastisch bleiben.

▸ **Das Knie** ist bedingt durch den kürzeren Bügel mehr gewinkelt.

Reiterin im Entlastungs- bzw. leichten Sitz

Reiterspiele fördern und fordern: Bewegungsgefühl, Reaktionsvermögen, Teamfähigkeit, Fair-stand ...

▸ **Der Unterschenkel** liegt am Gurt und kann durch den Kontakt mit der flachen Wade am Pferdeleib jederzeit die richtige treibende Einwirkung erzielen.

▸ **Die Bügel** werden mit der breitesten Stelle *des Fußes* (Fußballen) aufgenommen, der stets unter dem Schwerpunkt bleiben muss.

▸ **Der Absatz** ist der tiefste Punkt des Reiters – wie bei allen beschriebenen Sitzarten.

▸ **Der Kopf** wird aufrecht und frei getragen und die Blickrichtung ist durch die Pferdeohren nach vorn gerichtet.

▸ **Die Oberarme** werden mit entsprechend angewinkelten **Ellbogen** etwas vor den Körper genommen.

▸ **Die Ellbogen, die Unterarme** und die Handgelenke bilden über den Zügeln bis zum Gebiss eine gerade Linie.

▸ **Die Hände** sind zur Faust geschlossen und werden aufrecht beiderseits des Halses vor dem Widerrist getragen.

▸ **„Anwendungsgebiete":** (unterschiedlich im Grad der Entlastung – dadurch auch andere Bezeichnungen möglich)
· beim Reiten über Sprünge (Springsitz)
· beim (An-)reiten junger Pferde (Remontesitz)
· beim Reiten im Gelände (Geländesitz)
· oder auch Entlastungssitz mit mehr oder weniger Entlastung.

Der Rennsitz

- Wird ausschließlich im Galopp geritten.
- Sollte nur von erfahrenen Reitern angewendet werden.
- Er ist ausschließlich entlastend.
- Kann durch die erheblich kürzeren Bügel nur im Spring- oder Vielseitigkeitssattel angewendet werden
- **Das Gesäß** wird aus dem Sattel heraus gehoben, dadurch kommt das Gewicht vermehrt auf Knie und Absatz.
- **Der Absatz** muss die Galoppbewegung nach unten abfangen.
- **Der Oberkörper** ist annähernd parallel zum Pferdehals.
- **Die Oberarme** befinden sich vor dem Körper.
- **Die Hände** liegen unter dem Mähnenkamm und müssen die Nickbewegung von Kopf und Hals aus dem Ellbogengelenk heraus zulassen.
- **„Anwendungsgebiet"**: Dieser Sitz wird bei der Teilstrecke „Rennbahn" innerhalb einer Vielseitigkeitsprüfung verlangt.

Der Rennsitz

Sitzfehler

Ohne jemanden verunsichern oder gar verängstigen zu wollen, dürfte es angeraten sein, **mögliche Fehler** beim Sitzen (und somit in der Hilfengebung) an dieser Stelle zumindest aufzulisten. Fehler, die man

benennen kann verlieren einerseits ihren Schrecken, andererseits erinnern sie daran, wie wichtig es ist, kontinuierlich unter Anleitung zu arbeiten, damit sich weder Bequemlichkeit noch ernsthaftere (Kommunikations-)Probleme einschleichen können!

Sitzfehler (eine Auswahl):

- **Stuhlsitz** Offensichtlich hochgezogene Knie, der Reiter sitzt nicht mehr auf seinen Gesäßknochen, häufig die Folge von zu kurz geschnallten Bügeln, er hängt am Zügel, keine richtige Einwirkung möglich.
- **Spaltsitz** Offensichtliches „vorn über Fallen" des Reiters, das Gewicht kommt auf Oberschenkel und Leiste, häufig durch zu lang geschnallte Bügel hervorgerufen.
- **Hüftknick** Von vorne und hinten deutlich zu erkennende „Kurve" (Krümmung) in der Wirbelsäule (Achtung: dadurch immer falsche Gewichtsverteilung!).
- **Hohlkreuz** Seitlich erkennbare übermäßige Krümmung der unteren Wirbelsäule, meist damit verbunden, dass der Reiter nicht auf beiden Gesäßknochen sitzt (sitzen kann).
- **Mangelnde Ganzkörperspannung** Instabilität, insbesondere bei Gangart- und Richtungswechsel (Balanceprobleme).
- **Schiefer Kopf** Der Reiter richtet den restlichen Körper falsch aus und beeinflusst sich und sein Pferd (ungeahnt) negativ.
- **Verkrampfungen einzelner Körperpartien** z. B. angeklemmte Ellbogen, verhindern immer, dass die Bewegung durch den Reiter geht.
- **Klopfende, unruhige Unterschenkel** sind ständig störende Impulsgeber, da sie unabhängig von der Hilfengebung (und nicht im Einklang) gegeben werden.
- **Ein nicht am tiefsten Punkt befindlicher Absatz** der Reiter verhindert die Sitzdynamik – kommt nicht zum Erden.

Die Hilfen(-gebung)

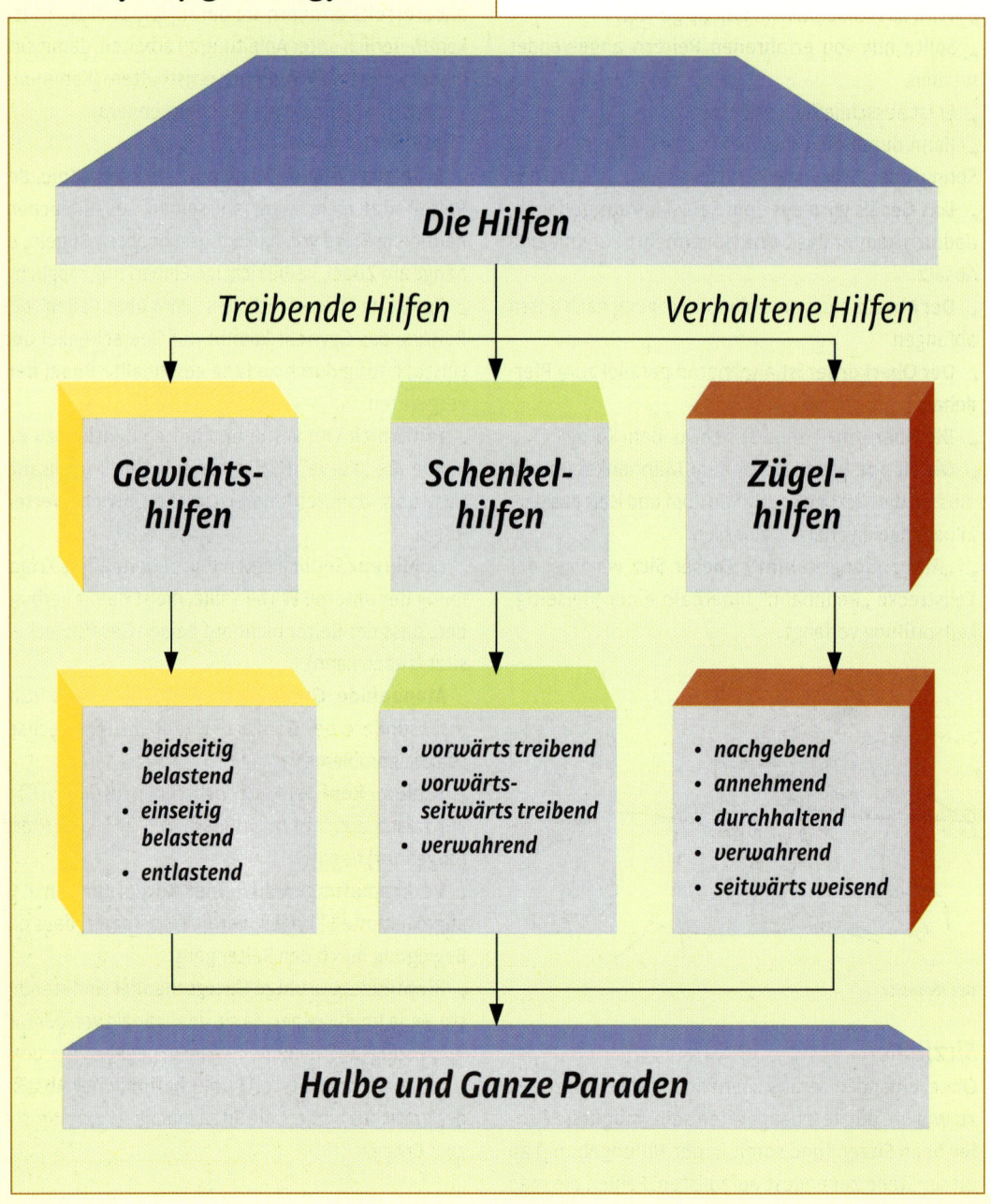

Die Hilfen

Treibende Hilfen   Verhaltene Hilfen

Gewichts-hilfen   **Schenkel-hilfen**   **Zügel-hilfen**

- beidseitig belastend
- einseitig belastend
- entlastend

- vorwärts treibend
- vorwärts-seitwärts treibend
- verwahrend

- nachgebend
- annehmend
- durchhaltend
- verwahrend
- seitwärts weisend

Halbe und Ganze Paraden

Auch in diesem Kapitel wollen wir wieder versuchen, die Erklärungen/Beschreibungen so ausführlich wie nötig, aber auch so kurz und präzise wie möglich, zu gestalten. Die einleitende Grafik soll darstellen, in welchem Zusammenhang die verschiedenen Hilfen stehen und welche der Reiter überhaupt zur Verfügung hat. Nun stellt sich sicher bei einigen die Frage: „Wirklich so viele Variationen? Und die auch noch alle lernen und beherrschen?" Die Antwort ist: „Ja!", denn wie erreicht man ansonsten die gewünschte Gangart oder das Tempo oder die Haltung oder schlicht und ergreifend, wie erreiche ich die allgemeine Kontrolle über (m)ein Pferd? Und da wären wir sicherlich spätestens an dem Punkt, an dem die Einsichtsfähigkeit beginnt. Kurz gesagt: **Die Hilfen dienen der Verständigung zwischen Reiter und Pferd!**

Ziel der korrekten Hilfengebung ist es, sie für den Beobachter immer unsichtbarer und für das Pferd immer deutlicher zu machen, d. h. der Reiter muss sich bemühen immer feiner und gefühlvoller einzuwirken und immer daran denken, dass nur das Zusammenspiel aller Hilfen zum gewünschten Erfolg führt. Je nach dem Ausbildungsstand, der Rittigkeit und der Empfindlichkeit des Pferdes fällt die Stärke der Hilfen aus und das ist was jeder Reiter lernen muss: **Wann ist was und mit wie viel Intensität nötig?** Die Hilfen sollten jedoch immer erst fein und weich gegeben und nötigenfalls gesteigert werden. Außerdem ist auch immer wieder zur feinen Abstimmung zurückzukehren, um die Pferde nicht unnötig abzustumpfen, sondern sensibel zu (be-) halten. Generell haben die treibenden Hilfen (Schenkel- u. Gewichtshilfen) eine höhere Bedeutung als die verhaltenen (Zügelhilfen).Und damit niemand um Hilfe rufen muss, hier nun schrittweise alles zum Thema Hilfen(-gebung):

Gewichts-hilfen

→ von Natur aus vortreibend
→ unterstützen die Koordination zwischen Schenkel- und Zügelhilfen

- *beidseitig belastend*
- *einseitig belastend*
- *entlastend*

→ je ruhiger und ausbalancierter der Reiter sitzt, um so besser ist die Reaktion des Pferdes auf die Hilfen

→ der Reiter muss im Gleichgewicht sitzen, um die Bewegung, den Gang, die Haltung und die Gehfreude des Pferdes nicht zu beeinträchtigen und um den eigenen Schwerpunkt mit dem des Pferdes in Einklang zu halten.

Das Bewegungszentrum

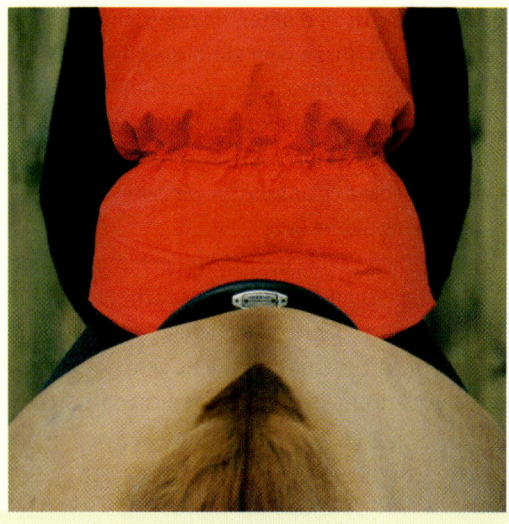

Beidseitig belastende Gewichtshilfen

▸ **werden eingesetzt, um** die Hinterbeine des Pferdes zu aktivieren, zum energischen Abfußen anzuregen und zum vermehrten Herantreten unter den Schwerpunkt (natürlich immer nur in Verbindung mit den Schenkelhilfen!)

▸ **werden angewendet bei** allen Halben und Ganzen Paraden und dadurch auch bei allen Übergängen – innerhalb der Gangart (Tempounterschiede) und auch bei Gangartwechsel oder auch zum Halten

▸ **werden gegeben, indem** der Reiter sein „Kreuz anspannt", d. h. für einen kurzen Moment (oder auch über mehrere Schritte, Tritte oder Sprünge) spannt er die Bauch- und untere Rückenmuskulatur verstärkt an
Achtung: Nicht als dauernde Hilfe einsetzen, das hat zur Folge, dass das Pferd abstumpft, seine Vorwärtsbewegung blockiert und der Reiter fest in der Mittelpositur wird – somit ist kein Mitschwingen mehr möglich!!

Einseitig belastende Gewichtshilfen

▸ **werden immer dann eingesetzt, wenn** das Pferd gestellt (z. B. Schenkelweichen) oder gebogen (z. B. Volte, Zirkel) ist und unterstützen somit Zügel- u. Schenkelhilfen (bei einem gut ausgebildeten Pferd wird sie sogar zur entscheidenden Hilfe)

▸ **werden gegeben, indem** der Reiter sein Gewicht vermehrt auf den inneren Gesäßknochen verlagert – die Hüfte senkt sich und das (gewinkelte) Knie erhält dadurch eine tiefere Lage
Achtung: Damit der Reiter nicht in der Hüfte einknickt und das Gewicht dadurch auf die falsche Seite verlagert wird, muss der Reiter den Bügel der jeweiligen Seite vermehrt austreten, um eine gewisse „Körperspannung" zu erhalten, damit das nicht passiert!!!

Entlastende Gewichtshilfen

▸ **werden eingesetzt, um** den Rücken und/oder die Hinterhand des Pferdes zu entlasten

▸ **werden angewendet beim** Lösen (vor allem zum anschließenden Springen), beim Reiten zwischen den Sprüngen im Entlastungssitz, beim Anreiten junger Pferde und bei den Anfängen des Rückwärtsrichtens

▸ **werden gegeben, indem** der Reiter sein Gewicht vermehrt auf Oberschenkel und Steigbügel verlagert (das Gesäß bleibt im Sattel) sein Oberkörper kommt dadurch leicht vor die Senkrechte.

Das Reitergewicht darf das Pferd keinesfalls negativ beeinträchtigen. Gemeinsames Training führt zur gewünschten Harmonie – wie hier zu sehen.

<table>
<tr><td>

**Schenkel-
hilfen**

</td><td>

→ sie veranlassen die Bewegung des Pferdes und erhalten sie auch aufrecht

</td></tr>
</table>

- *vorwärts treibend*
- *vorwärts- seitwärts treibend*
- *verwahrend*

→ gehören (wie die Gewichtshilfen) zu den (von Natur aus) treibenden Hilfen

---

Achtung!

Achtung: Auf keinen Fall dauernden (Schenkel-) Druck ausüben oder auch mit einem klopfenden Schenkel immer wieder Impulse geben, sonst stumpft das Pferd ab und reagiert immer schlechter.

→ die richtige Wirkung der Schenkelhilfen ist besonders dann erreicht, wenn der Reiter (dem Bewegungsablauf entsprechend) genau in dem Augenblick den Impuls gibt, wenn der gleichseitige Hinterfuß abfußt. Voraussetzung hierfür ist natürlich das *Bewegungsgefühl des Reiters* – er muss sich (wie bereits erwähnt) vom Pferd mitnehmen lassen.

Vorwärts treibende Schenkelhilfen

▶ **Die Lage** ist so dicht hinter dem Gurt, dass bei dieser Schenkellage eindeutig die Linie Schulter – Gesäß – Absatz erkennbar ist. Anders ausgedrückt, der Schenkel liegt so, dass Vorderkante Stiefelschaft und Hinterkante Sattelgurt übereinstimmen.

▶ **Die Einwirkung** ergibt sich automatisch, da sich der Rumpf des Pferdes im Rhythmus seines Bewegungsablaufes wechselweise nach rechts bzw. links wölbt und es sich an dem stetig anliegenden Schenkel die Hilfe selbst holt und dadurch „selbst treibt". Reicht diese feine Einwirkung nicht aus, muss der Reiter durch ein stärkeres, aber nur kurzes Anspannen der Wadenmuskulatur den „Druck" erhöhen.

Vorwärts-seitwärts treibende Schenkelhilfen

▶ **Sie veranlassen** das jeweilige Hinterbein oder die diagonalen Hinter- und Vorderbeine gemeinsam vorwärts-seitwärts über zu treten.

Achtung: Die Vorwärtstendenz muss immer erhalten bleiben, deswegen auch *„vorwärts-seitwärts-treibend"* und **nicht nur** seitwärts treibend.

▶ **Die Lage** des Schenkels ist eine Handbreit hinter dem Gurt, wobei der Absatz tiefster Punkt bleibt.

Achtung: Zieht der Reiter das Knie (den Schenkel) hoch (meist verbunden mit einem Einknicken in der Hüfte), ist seine Einwirkung per Gewicht sofort falsch und das gewünschte Resultat kommt nicht zustande und Missverständnisse sind vorprogrammiert.

Nur dann erfolgreich, wenn Lage, Dosierung und Taktgefühl angemessen: die Schenkelhilfen.

Verwahrende Schenkelhilfen

▸ **Der Schenkel liegt** an der gleichen Stelle, wie der vorwärts-seitwärts-treibende Schenkel, ist allerdings weniger aktiv.

▸ **Seine Aufgabe** ist es, ein seitliches Ausweichen der Hinterhand zu verhindern und die Hinterhand als Gegenüber des vorwärts und vorwärts-seitwärts treibenden Schenkels zu begrenzen.

Achtung: Der verwahrende Schenkel (und das vergessen viele) ist immer auch für die Vorwärtsbewegung mitverantwortlich!

Außerdem ist er nicht mit z. B. einem Kupplungspedal zu verwechseln – er bleibt für die Dauer der Übung/Gangart an Ort und Stelle!

Sensible Hände haben be-griffen! „Pranken" sind unverzeihlich!

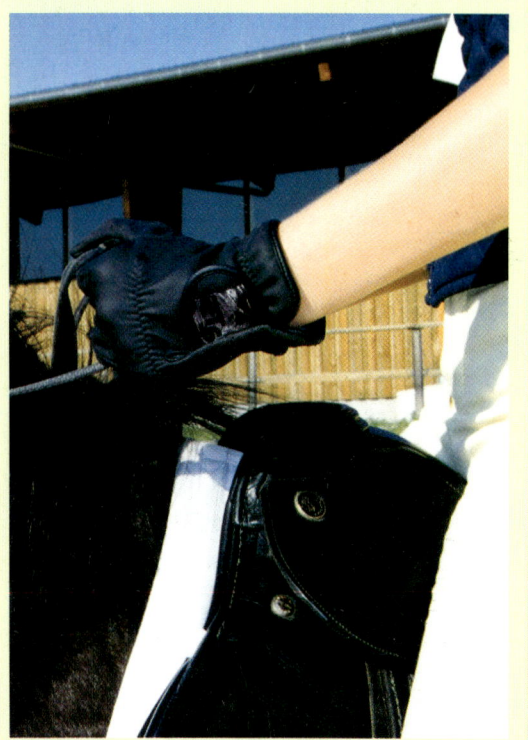

Zügel-hilfen

→ von Natur aus verhaltend

→ die äußere Hand soll auf gebogenen Linien und in Wendungen immer dicht am Hals bleiben, damit der Zügel am Pferdehals anliegt – sie darf in diesem Fall niemals höher getragen werden als die innere.

- *nachgebend*
- *annehmend*
- *durchhaltend*
- *verwahrend*
- *seitwärts weisend*

Merke!

Zügelhilfen (= ZH) dürfen immer nur in Verbindung mit Schenkel- und Gewichtshilfen gegeben werden, nur so bleibt das Pferd immer vor dem treibenden Schenkel, kommt nicht auf die Vorhand, wird nicht eng im Hals und nur so können die Zügelhilfen über Maul, Genick, Hals und Rücken bis auf die Hinterhand und zurück wirken.

Nachgebende & annehmende Zügelhilfen

▸ Stehen in einem festen Zusammenhang, denn jeder annehmenden ZH muss eine nachgebende ZH folgen, um das Pferd sensibel zu (be-)halten, denn einen „Zugwettbewerb" mit einem Pferd gewinnt niemand.

▸ **Bei einer annehmenden ZH** wird die Faust vermehrt geschlossen, oder wenn eine stärkere Einwirkung nötig ist, das Handgelenk etwas nach innen eingedreht.

Achtung: Tritt beim Pferd nicht die gewünschte Reaktion auf, nicht durch stetiges „Ziehen am Zügel" versuchen, die Einwirkung (s. o.) zu verschärfen, sondern durch Nachgeben und erneutes Annehmen die gewünschte Einwirkung erzielen.

▸ **Bei einer nachgebenden ZH**, die einer annehmenden folgt, gehen beide Hände in die Grundhaltung zurück.

▸ **Bei einer nachgebenden ZH**, die keiner annehmenden ZH folgt, sondern z. B. zur Rahmenerweiterung oder gar beim Zügel-aus-der-Hand-kauen-lassen gegeben wird, kann der Reiter entweder (situationsbedingt) aus der Grundhaltung heraus die Faust leicht öffnen, die Zügelfaust insgesamt vorgeben oder aus dem Handgelenk oder gar aus dem Ellenbogen- und Schultergelenk nachgeben, wichtig ist hierbei, dass sie immer in Richtung Pferdemaul geht.

Zügelmaß und -hilfen sollten nicht über Versuch und Irrtum, sondern mittels durchdachter Ausrüstung (an der Longe) erlernt werden.

Achtung: Der Reiter darf die Verbindung nicht aufgeben, d. h. der Zügel darf nicht durchhängen („springen"), sondern nur so weit vorgehen, wie das Pferd die Zügel (und die Reiterhand) nach vorne mitnimmt und die „Anlehnung" erhalten bleibt.

Durchhaltende Zügelhilfen

▸ **Werden eingesetzt**, wenn das Pferd gegen oder über den Zügel geht und bei durchlässigen Pferden können sie (fein dosiert) die annehmende ZH (z. B. beim Rückwärtsrichten oder bei Paraden) ersetzen.

Achtung: In dem Augenblick, in dem das Pferd nachgibt, muss der Reiter auch wieder nachgeben, besonders (und das wird oft vergessen) auf gebogenen Linien mit der inneren Hand!!!

▸ **Die Anwendung erfolgt, indem** die Hände auf ihrem „Platz" bleiben, fest geschlossen werden, um den vermehrten Druck auf das Gebiss auszuhalten und sofort nachgeben, wenn sich das Pferd vom Gebiss abstößt und leicht wird.

▸ **Voraussetzung** für eine korrekte durchhaltende ZH ist ein gleichzeitiges „Anspannen" des Kreuzes (s. GH) und der Einsatz der vorwärts treibenden Schenkel.

Verwahrende Zügelhilfen

▸ Der **verwahrende Zügel** ergänzt bei jedem Stellen oder Biegen den stellunggebenden inneren Zügel und gibt so viel nach, dass sich das Pferd im Genick stellen oder im Hals biegen kann.

▸ Er hat aber auch **die Aufgabe** zu begrenzen, um zu viel Halsabstellung und ein „Ausfallen über die äußere Schulter" zu vermeiden.

Achtung: Reicht eine verwahrende ZH nicht aus, muss der Reiter einmal kurz annehmen und wieder nachgeben, um das Pferd wieder aufmerksam zu bekommen!!!

Seitwärts weisende Zügelhilfen

▸ **Sie haben die Aufgabe** (besonders bei jüngeren Pferden und beim Erlernen von Seitengängen), dem Pferd (auch bei Wendungen) die Richtung zu weisen, sind in der Regel mit einer annehmenden ZH verbunden, die das Pferd stellt oder biegt und werden daher nur mit der inneren Hand gegeben.

▸ **Zur Ausführung dreht** der Reiter seine Hand im Handgelenk ein und nimmt sie einige Zentimeter vom Hals, um die Nase des Pferdes in die gewünschte Richtung zu führen – zum Abschluss ist ein Nachgeben in Richtung Pferdemaul nötig.

Merke!

Es muss immer wieder darauf geachtet werden, dass die Reiterei nicht in „Handarbeit" ausartet und die Zügelhilfen das Nachgeben des Pferdes im Genick nicht erzwingen wollen, sondern das Pferd vermehrt durch die Gewichts- und Schenkelhilfen von hinten nach vorn an die ruhige Hand heran geritten wird.

Zur Unterstützung der Hilfengebung und zur besseren oder gar schnelleren Verständigung mit dem Pferd hat der Reiter die Möglichkeit weitere

Hilfsmittel

einzusetzen. Hierzu zählen die Stimme, die Gerte und die Sporen.

Die Stimme
▸ erhöht das Vertrauen des Pferdes
Achtung: Tonfall beachten: Eine tiefe, ruhige Stimme wirkt beruhigend, ein kurzes Schnalzen oder Anheben der Tonlage wirkt auffordernd!)
▸ erhöht die Aufmerksamkeit und die Konzentration auf den Reiter
▸ ist immer nur dezent einzusetzen (besonders wenn mehrere Reiter in der Bahn sind)
▸ ist in Dressurprüfungen nicht erlaubt.

Die Gerte
▸ unterstützt den treibenden Schenkel und soll die Tätigkeit der Hinterhand verbessern
▸ erhöht die Aufmerksamkeit bei Pferden, die nicht genügend auf den Schenkeldruck reagieren
▸ muss so benutzt werden, dass das Pferd nicht im Maul gestört wird
Achtung: ein kurzes Auffordern im richtigen Augenblick ist sinnvoller als ein ständiges Antippen, wodurch die Pferde abstumpfen.

Die Sporen
▸ ermöglichen feinere Schenkelhilfen
Achtung: Um auch hier ein Abstumpfen zu vermeiden, nicht in Gebrauch nehmen, wenn der Reiter einen ohnehin schon klopfenden Schenkel hat!!!
▸ erhöhen die Wirksamkeit der Schenkelhilfen
Achtung: Auch hier wieder auf einen kurzen und präzisen Einsatz achten, um das Pferd sensibel zu (be-) halten.

Hilfszügel
Eine weitere Möglichkeit, die noch unsichere Einwirkung des Reiters auf das Pferd zu verbessern, ist der Einsatz von **Hilfszügeln**, die in ihrer Wirkung allerdings unterschiedlich sind und deren Auswahl und Gebrauch dahingehend auch überdacht werden sollten. Außerdem sollen Hilfszügel nur vorübergehend in Einsatz gebracht werden, damit der Reitanfänger sich vermehrt auf Sitz und Hilfengebung konzentrieren kann, die Hilfszügel im weiteren Verlauf der Ausbildung jedoch wieder überflüssig werden. Wir wollen an dieser Stelle schwerpunktmäßig nur die gebräuchlichsten und pferdefreundlichsten Hilfszügel aufzählen und kurz ihre Wirkungsweise darstellen:

Einfache Ausbindezügel (Ausbinder):

▸ Verschnallung:

Seitlich am Sattelgurt bis hin zum Trensenring (Höhe: ca. eine Handbreit über dem Buggelenk/die Stirnlinie darf nicht hinter die Senkrechte kommen!).

▸ Wirkung:

Bei leichter Genickbiegung wird eine stetige Anlehnung erreicht, die dem Reiter die Einwirkung auf das Pferd erleichtert und er sich zusätzlich vermehrt auf seinen Sitz konzentrieren kann.

▸ Verwendung:

Beim dressurmäßigen Reiten (im Anfängerbereich) u. beim Longieren, auf keinen Fall beim Springen oder Reiten im Gelände.

Ausbindezügel erlauben/begünstigen einen zeitlich befristeten Einsatz, sind pferdeschonend und weisen Ross und Reiter den richtigen Weg.

Dreieckszügel u. doppelte Ausbindezügel (s.Foto):

▸ Verschnallung:

Beim Dreieckszügel werden die einen Enden am Sattelgurt zwischen den Vorderbeinen befestigt und verlaufen durch die Gebissringe bis seitlich zum Sattelgurt. Beim doppelten Ausbindezügel werden die einen Enden weiter unten (aber auch seitlich) am Sattelgurt befestigt, laufen durch die Gebissringe und die anderen Enden werden weiter oben – wieder seitlich – am Sattelgurt befestigt.

Das gleitende Ringmartingal findet seinen Einsatz im Gelände und beim Springen und ist auch noch auf Meisterschaftsebene sinnvoll und angemessen.

▸ Wirkung:

Das Pferd kann sich bei Bedarf vorwärts-abwärts dehnen, da der Radius – nicht wie bei den Ausbindern – immer gleich bleibt und der Reiter merkt bei dieser Art von Hilfszügeln, wann sich das Pferd vom Gebiss abstößt und wann es sich auf den Zügel legen will.

▸ Verwendung:

Siehe einfache Ausbindezügel.

Gleitendes Ringmartingal:

▸ Verschnallung:

Ein Riemen der sich nach vorne hin teilt und durch einen Halsriemen geführt wird, wird zwischen den Vorderbeinen durch am Sattelgurt befestigt. An den geteilten Enden befinden sich Ringe, durch die die Zügel gezogen werden.

▸ Wirkung:

Es verhindert das übermäßige Hochnehmen des Kopfes, wenn sich das Pferd frei machen und sich den Hilfen entziehen will.

▸ Verwendung:

Beim Springen und beim Reiten im Gelände (Tipp: der Halsriemen kann beim Klettern im Gelände oder beim Springen – weniger erfahrenen Reitern – zusätzlichen Halt geben).

Weitere Hilfszügel, die in der Grundausbildung keine Anwendung finden sollten sind z. B.:
Stoßzügel (der leider immer noch häufig Verwendung findet/zu sehen ist):

▸ Keine seitliche Anlehnung, da der Riemen vom Sattelgurt zwischen den Vorderbeinen durch zu dem Verbindungsstück der beiden Gebissringe führt – das kann dazu führen, dass sich das Gebiss im Maul aufstellt und einen „Nussknackereffekt" hervorruft, der für das Pferd sehr schmerzhaft ist.

▸ Die Unterhalsmuskulatur wird durch seinen Einsatz ungewollt gekräftigt.

Desweiteren gibt es Hilfszügel – hier nur kurz benannt –, die ausschließlich in die Hand erfahrener Reiter gehören, da der Gebrauch viel Erfahrung und Reitergefühl bedarf, z. B.: Schlaufzügel, Chambon, Gogue

Halbe und Ganze Paraden

Dieser Thematik widmen wir einen eigenen Abschnitt, da die Halben & Ganzen Paraden oft fälschlicherweise den Zügelhilfen zugeordnet werden!!!
Hier aber nun ganz konkret und unmissverständlich:
Paraden sind das Zusammenwirken aller Hilfen!
Der Unterschied zwischen Halben und Ganzen Paraden liegt einzig und allein darin, dass …

▸ **Ganze Paraden** aus jeder Gangart „richtig **geritten**" immer zum Halten führen und nur auf geraden Linien gegeben werden dürfen.

▸ Halbe Paraden gegeben werden, um …

· Übergänge und Tempounterschiede zu reiten,
· das Pferd auf eine neue Übung oder Lektion aufmerksam zu machen.
· auch die Versammlung oder auch die Haltung während der Bewegung zu verbessern.

> ### Merke!
> Die Hilfengebung an sich ist fast identisch: Der Reiter gibt eine annehmende oder durchhaltende Zügelhilfe in Verbindung mit einer beidseitig belastenden Gewichtshilfe und einer vorwärts treibenden Schenkelhilfe gefolgt von einer rechtzeitigen nachgebenden Zügelhilfe.

Bei einer **Ganzen Parade** wird die Intensität etwas erhöht – der Vorgang bleibt allerdings der Gleiche – zum eigentlichen Halten wird das Pferd nun mit Gewichts- und Schenkelhilfen an die anstehende Hand heran getrieben.

Achtung: Auch hier wieder an das rechtzeitige Nachgeben (leichter werden mit der Hand) denken, damit das Pferd vor den treibenden Hilfen bleibt, im Halten mehr Last mit der Hinterhand aufnimmt und nicht auf die Vorhand kommt, denn nur dann ist gewährleistet, dass das Pferd mühelos jederzeit in der gewünschten Gangart wieder angeritten werden kann.

Zeitschriften-Internettipps

Hier nun noch einige Zeitschrifteninternettipps, die auch immer wieder etwas zum Thema Ausbildung/ Sitz und Hilfengebung veröffentlichen:

▸ **www.Cavallo.de**
▸ **www.st-georg.de**
▸ **www.reiterrevue.de**
▸ **www.pferde-heute.de**

Außerdem sind auch viele nützliche Tipps in den Zeitschriften der Landesverbände zu finden – eine genaue Auflistung hiervon findet Ihr/finden Sie im Ratgeber „Der erste Turnierstart in der Praxis" (ein Band aus dieser Ratgeber-Serie).

Ausbildungsskalen

Und als ob das nicht alles schon kompliziert/komplex genug sei, möchten wir an dieser Stelle auch noch darauf aufmerksam machen, dass Sitz und Hilfengebung keineswegs isoliert betrachtet werden dürfen, sondern immer in Verbindung mit den AUSBILDUNGS-SKALEN zu sehen sind.

Die Skala der Ausbildung der Pferde ist ja schon lange bekannt und elementarer Bestandteil der Richtlinien der Deutschen Reiterlichen Vereinigung (FN).
Nur ein Reiter, der souverän in Harmonie reitet, ermöglicht es dem Pferd, bei der gemeinsamen Arbeit (s)ein Ausbildungsziel bzw. die gewünschte Durchlässigkeit zu erreichen.

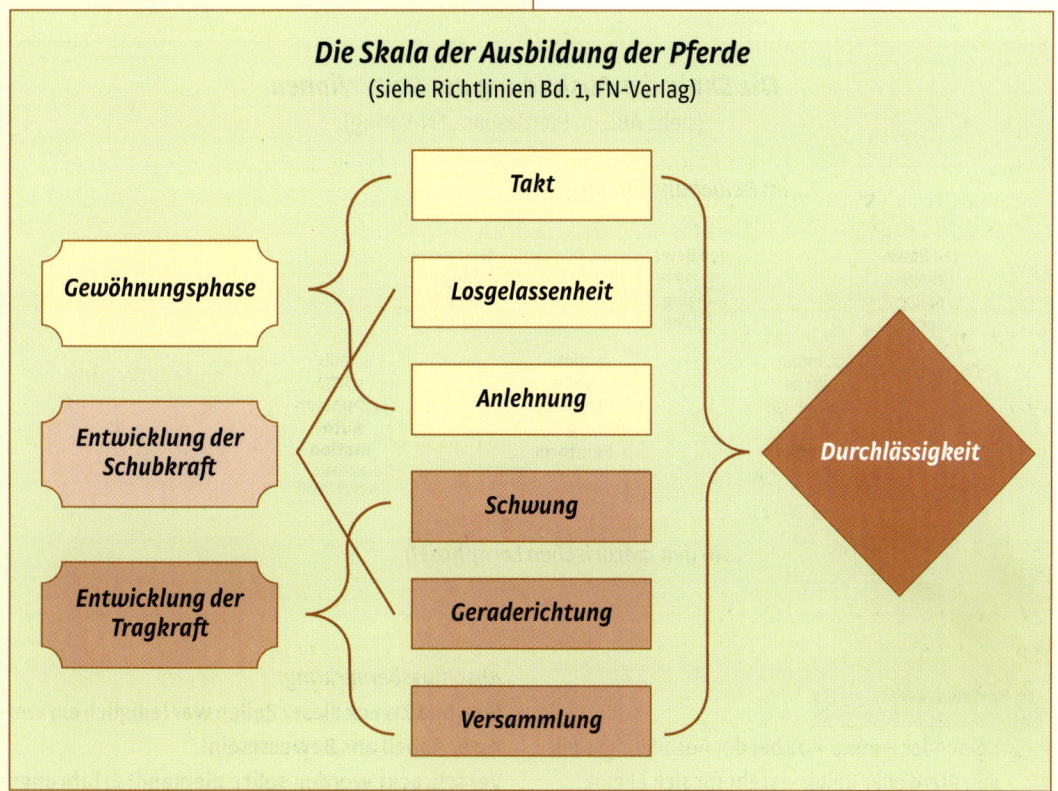

Die Skala der Ausbildung der Pferde
(siehe Richtlinien Bd. 1, FN-Verlag)

Gewöhnungsphase

Entwicklung der Schubkraft

Entwicklung der Tragkraft

Takt

Losgelassenheit

Anlehnung

Schwung

Geraderichtung

Versammlung

Durchlässigkeit

Aus dieser Feststellung lassen sich zwei ganz einfache Regeln ableiten:
1. Nur ein routinierter, gefühlvoller Reiter sollte einem Pferd – nach der Gewöhnungsphase – die Entwicklung von Schub- u. Tragkraft nahe bringen, damit es zu einer reellen und sicheren Durchlässigkeit kommen kann.

2. Nur ein routiniertes, erfahrenes Pferd sollte als Lehrpferd mit jungen und/oder unerfahrenen Zweibeinern zum Einsatz kommen, damit diese von deren Professionalität profitieren können und möglichst schnell möglichst viel erfahren.

Womit sich der Kreis schließt, denn nicht nur für die Pferde, auch für die Reiter gibt es eine entsprechende Ausbildungsskala. Auch sie nähern sich ihrem Ziel: **Souverän in Harmonie zu reiten** – genau wie die Pferde – nur schrittweise. Im Bewegungsdialog mit dem Pferd und den unweigerlich mehr oder minder intensiv zu durchlaufenden motorischen Lernphasen begreift er/sie/es permanent und intensiv.

Aber natürlich nur dann, wenn es sich beim ebenfalls beteiligten Vierbeiner um einen „Voll-Profi" handelt. Junge, unerfahrene Pferde und ebenso ungeübte Menschen im Sattel sind eine denkbar schlechte Kombination! Wer soll z. B. für wen in kritischen Situationen denken und handeln und wer soll wen wie weiterbringen auf dem langen (eigentlich nie endenden) Weg zum **Ausbildungs-Ziel**?

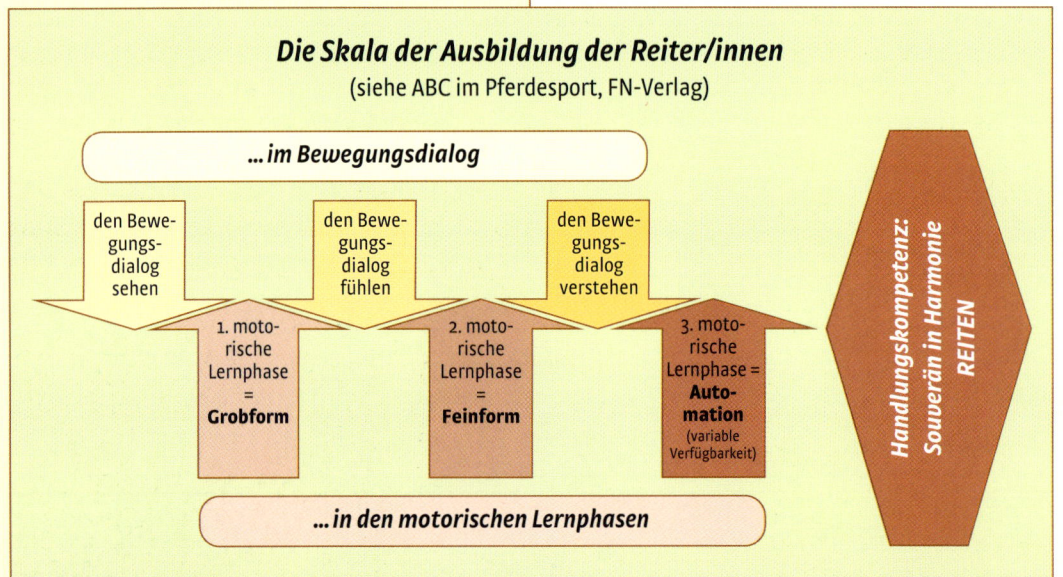

Die Skala der Ausbildung der Reiter/innen
(siehe ABC im Pferdesport, FN-Verlag)

… im Bewegungsdialog

den Bewegungsdialog sehen

den Bewegungsdialog fühlen

den Bewegungsdialog verstehen

1. motorische Lernphase = **Grobform**

2. motorische Lernphase = **Feinform**

3. motorische Lernphase = **Automation** (variable Verfügbarkeit)

Handlungskompetenz: Souverän in Harmonie REITEN

… in den motorischen Lernphasen

Abschlussbemerkung:
Sinn und Zweck dieser Zeilen war lediglich ein weiterer Appell ans Bewusstsein!
Verschreckt werden sollte niemand! Erfahrungsgemäß verlieren sehr umfangreiche Sachverhalte von möglichst vielen Seiten beleuchtet jedoch ihren Schrecken und können beherzt angegangen werden.
Auf wen oder was also noch warten?

Das Mini-Lexikon Wissenswertes für Pferdeliebhaber von A bis Z

Wie alle Ratgeber schließt auch dieser mit einem kompetenten ABC, das noch viel mehr über die Hilfen und die Verständigung zwischen Reiter und Pferd und alles, was dazugehört verrät. Natürlich kann auch dieses nicht wirklich alles klären – aber in Verbindung mit den Mini-Lexika der übrigen Ratgeber hat der Besitzer ein wirklich brauchbares und umfangreiches Nachschlagewerk.

Abreitephase auf einem Springplatz

-A-

▸ **Abreiten:** Bevor man z. B. in einer Prüfung auf einem Turnier an den Start geht, wird das Pferd darauf vorbereitet und warm geritten bzw. gelöst.

▸ **Abschnauben:** Das „Abschnauben" ist ein Anzeichen für innere Losgelassenheit (Zufriedenheit) des Pferdes.

▸ **Amateur:** Ein Amateur macht eine Sache nicht beruflich bzw. verdient nicht seinen Lebensunterhalt damit – er macht es als Hobby.

▸ **Anlehnung:** … ist die stete, weiche, federnde Verbindung zwischen Reiterhand und Pferdemaul.

▸ **APO:** … ist die Abkürzung für Ausbildungs- und Prüfungsordnung.

▸ **Aufrichtung:** Man unterscheidet 2 Arten der Aufrichtung: Die relative Aufrichtung ist die Höhe der Anlehnung, die in direkter Beziehung zum Versammlungsgrad steht (das Pferd trägt sich). Die absolute Aufrichtung ist eher fehlerhaft, da sie mit der Hand herbeigeführt wird u. sich das Pferd nicht selber trägt.

▸ **Aufsteigehilfe:** Separate oder in die Hallenbande integrierte stabile Möglichkeit, das Pferd aus „halber Höhe" problemlos (für Ross und Reiter) zu besteigen.

In die Bande integrierte Aufsteigehilfe.

► **Aussitzen:** Der Reiter schwingt im Trab aus der Mittelpositur geschmeidig jeden Tritt des Pferdes mit, ohne den Sattel zu verlassen.

► **Außengalopp:** Vom Außengalopp spricht man, wenn auf der linken Hand im Rechtsgalopp geritten wird und auf der rechten Hand im Linksgalopp.

-B-

► **Bahnordnung:** Sie regelt das Miteinander mehrerer Reiter auf Reitplätzen oder in Reithallen, damit jeder ohne gegenseitige Behinderung trainieren kann.

► **Balance des Reiters:** Darunter versteht man das Gleichgewicht des Reiters, in dem er sich befinden muss, um mit dem Pferd eine Einheit zu werden.

► **Bandagen:** ... sind ca. 1,80 bis 3 m lang und werden zum Schutz um die Pferdebeine gewickelt.

► **Bascule:** ... ist eine Aufwölbung und Dehnung aus dem Widerrist heraus, die durch die Flugkurve über dem Sprung erreicht wird.

► **Basispass Pferdekunde:** Grundlage aller Abzeichen, bei dem die grundsätzlichen Dinge im Umgang mit dem Pferd abgeprüft werden.

► **Biegung:** Die (Längs-)Biegung erfolgt über die gesamte Wirbelbrücke – genau so, wie die Linie, auf dem das Pferd geht.

-C-

► **Cavaletti:** ... dienen als Vorbereitung zum Springen, zur Gymnastizierung von Reiter und Pferd und werden auch Bodenricks genannt.

► **Chambon:** ... ist ein Hilfszügel, der Erfahrung bedarf und dessen Gebrauch technisch anspruchsvoll ist und somit nur in die Hand eines erfahrenen Reiters gehört.

-D-

► **DRA:** ... bedeutet Deutsches-Reit-Abzeichen. Wie viel verschiedene Leistungsabzeichen es gibt, kann in der APO nachgelesen werden.

► **Dreieckszügel:** ... sind Hilfszügel, die entweder zwischen den Vorderbeinen durch die Gebissringe geführt werden und am Sattel befestigt werden oder sie verlaufen seitlich vom Sattelgurt (weiter unten) durch die Gebissringe und werden am Sattelgurt weiter oben befestigt und bilden somit optisch ein Dreieck.

► **Dressursitz:** ... ist die Basis aller Sitzformen und wird auch als Grundsitz bezeichnet. Wesentliche Merkmale sind die zwei Linien: Schulterblätter – Gesäß – Absatz u. Unterarm – Zügel – Pferdemaul.

► **Durchlässigkeit:** ... ist das Ziel der Skala der Ausbildung des Pferdes. Ist ein Pferd durchlässig, so nimmt es die Hilfen des Reiters gehorsam und zwanglos an.

-E-

► **Einfacher Galoppwechsel:** Unter einfachem Galoppwechsel werden die Übergänge vom Galopp zum Schritt (dieser soll fließend erfolgen) und nach 3 – 5 klaren Schritten der erneute Übergang vom Schritt zum Galopp bezeichnet.

► **Einkammern:** ... bedeutet, dass die Sattelunterlage in die Sattelkammer reingezogen wird. Das muss so geschehen, dass die Unterlage faltenfrei bleibt u. ein Herunterrutschen (auch beim Nachgurten) verhindert wird, damit das Pferd keinen Druck auf dem Widerrist bekommt.

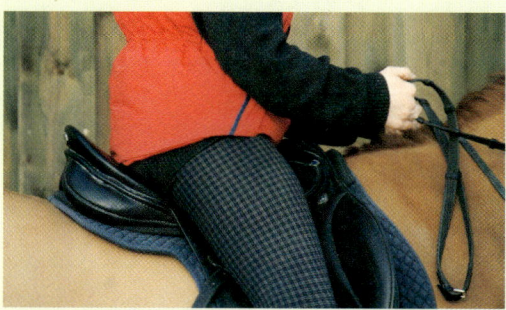

Reiterliche Einflussnahme

Hingegebener Zügel nach gehorsamem Arbeiten.

Für den Fotografen: falscher Knick

> **Einwirkung:** Die Einwirkung setzt sich aus den Gewichts-, Schenkel- und Zügelhilfen zusammen. Nur wenn das Zusammenspiel aller Hilfen gut abgestimmt ist, kann eine sichere Einflussnahme entstehen.

> **Entlastungssitz:** Bei dem Entlastungssitz wird der Rücken des Pferdes durch vermehrte Gewichtsverlagerung des Reitergewichtes auf Oberschenkel, Knie und Absatz entlastet.

> **Erholungsphase:** Sie sollte immer genügend lang sein und dient zur Erholung des Pferdes nach der Arbeitsphase. Das Pferd soll zur Gelassenheit kommen und mit positiven Erlebnissen die Stunde beenden.

-F-

> **Falscher Knick:** Das Genick ist nicht mehr höchster Punkt beim gerittenen Pferd, sondern der höchste Punkt liegt im ersten Teil des Halses (meist zwischen dem 3. und 4. Halswirbel).

> **Fesselbehang:** Lange Schutzhaare beginnend (hinten) oberhalb des Fesselgelenkes, die bis über die Hufe reichen. Siehe Foto Seite 34.

> **Fliegender Galoppwechsel:** Hierbei springt das Pferd während einem Galoppsprung zum nächsten vom Rechts- in den Linksgalopp oder umgekehrt.

> **Fußfolge:** … ist der Bewegungsablauf des Pferdes. Sie ist in den jeweiligen Gangarten unterschiedlich.

-G-

> **Galopp:** … ist eine der 3 Grundgangarten, bei der sich das Pferd im Dreitakt bewegt. Man unterscheidet Links- bzw. Rechtsgalopp, je nachdem welches seitliche Beinpaar in der Bewegung weiter vorgreift.

Gamaschen: Vorgeformter Schutz für die Pferdebeine aus strapazierfähigem, stabilem Material.

Ganaschenfreiheit: Unter Ganaschen versteht man den Bereich des Kopfes, der sich zwischen dem Unterkiefer und dem Kehlgang des Pferdes bis zum Genick hinaufzieht. Sind diese zu eng (oder zu fleischig), hat das Pferd also keine genügende Ganaschenfreiheit, und die dahinter liegende Ohrspeicheldrüse keinen Platz, so können Probleme in der Anlehnung und Genickbiegung auftreten.

Gebäudefehler: Bei Pferden sowohl mit Gebäudefehlern (Exterieurfehlern) als auch bei Charakterfehlern (Interieurfehlern) muss in der Ausbildung immer Rücksicht auf die körperlichen Mängel und Schwächen genommen werden, denn das kompromissbereite Ausbilden führt nicht nur, aber besonders in diesem Fall zum besseren (und länger andauernden) Erfolg.

Geduld: Gerade bei Problempferden – sowohl im Interieur, wie im Exterieur – muss Rücksicht auf die körperlichen Mängel und Schwächen genommen werden, denn Geduld und eine kompromissbereite Ausbildung führen immer zum besseren Erfolg.

Gehorsam: Ein gehorsames Pferd reagiert sowohl auf vorwärts treibende, verhaltende, als auch auf seitwärts wirkende Hilfen des Reiters und nimmt sie zwanglos an.

Geraderichtung: ... bedeutet, dass Hinterhand und Vorhand aufeinander eingespurt sind, d. h. die Hinterbeine treten in Richtung der gleichseitigen Vorderbeine.

Gerte: ... zählt zu den Hilfsmitteln und wird genutzt, um die Aufmerksamkeit zu erhöhen und den treibenden Schenkel zu unterstützen.

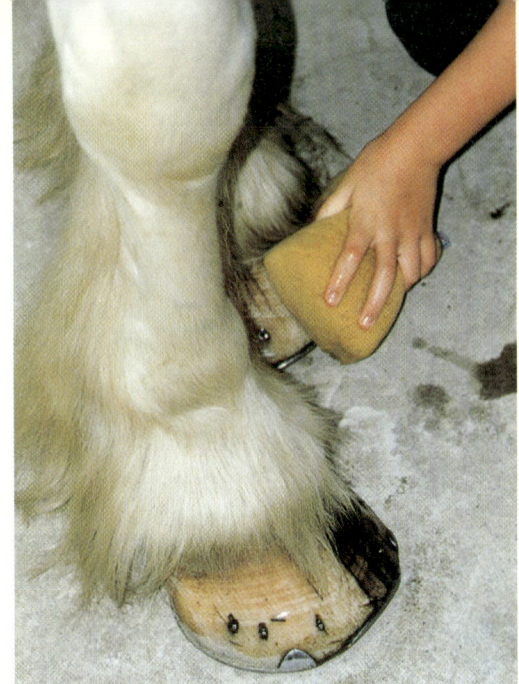

Pflegebedürftig: Hufe und Fesselbehang

Ganaschenfreiheit

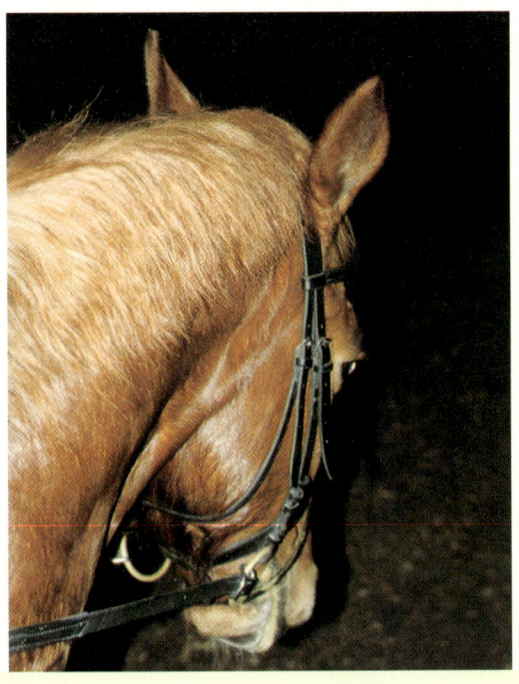

► **Gewöhnungsphase:** Die ersten 3 Punkte der Skala der Ausbildung (Takt, Losgelassenheit, Anlehnung) bilden die Gewöhnungsphase.

► **Gleichgewicht des Pferdes:** Nur das richtig gelöste Pferd bleibt im Gleichgewicht, behält Takt, Gangart und Tempo. Das heißt, das Pferd muss von „hinten nach vorne" geritten werden und dadurch muss dann die Hals- und Genickbewegung entstehen und nicht mit den Zügeln erzwungen werden. Das Pferd trägt sich selber und der Reiter kommt vermehrt zum Treiben.

► **Gogue:** ... ist ein Hilfszügel, der Erfahrung bedarf und dessen Gebrauch technisch anspruchsvoll ist und somit nur in die Hand eines erfahrenen Reiters gehört.

► **Gymnastizieren:** Durch systematische Ausbildung und gezielte Gymnastizierung wird die Geschicklichkeit und Geschmeidigkeit des Pferdes verbessert.

-H-

► **Hackamore:** Dies ist eine gebisslose Zäumung, die durch den Druck auf das Nasenbein des Pferdes wirkt.

► **Handgalopp:** Wird auf der rechten Hand geritten, spricht man beim Rechtsgalopp vom Handgalopp, wird auf der linken Hand geritten, so ist der Linksgalopp der Handgalopp.

► **Handwechsel:** Der Reiter, der auf der rechten Hand geritten ist, soll nun auf der linken Hand reiten – er wechselt „die Richtung" aber immer nur mit einer korrekten Bahnfigur – trabt er leicht, muss er umsitzen. Das Pferd muss beim Handwechsel am Wechselpunkt korrekt umgestellt werden.

Gymnastik, Kraft- und Konditionstraining gilt für Vier- und Zweibeiner.

Springgymnastik (mit optischen Hilfsmitteln)

▸ **Harte Hand:** Durch eine falsche Handhaltung (heruntergedrückte/verdeckte/verdrehte Fäuste bzw. steifes Handgelenk) bekommt der Reiter eine harte Hand, da die Linie „Unterarm-Zügel-Pferdemaul" nicht mehr gegeben ist und somit die elastische Verbindung zum Pferdemaul behindert wird.

▸ **Hilfsmittel:** Zu den Hilfsmitteln zählen die Stimme des Reiters, die Gerte und die Sporen. Sie dienen zur besseren Verständigung zwischen Reiter und Pferd und zur Unterstützung der Hilfengebung.

▸ **Hilfszügel:** … werden zum einen bei der Ausbildung des Reitanfängers benutzt, um die noch mangelnde Einwirkung auf das Pferd auszugleichen, denn richtig verschnallte Hilfszügel veranlassen das Pferd den Hals fallen und den Reiter sitzen zu lassen. Zum anderen werden sie bei der Ausbildung des jungen Pferdes an der Longe eingesetzt, damit die Pferde Anlehnung haben.

▸ **Hinterhandwendung:** Bei dieser Übung soll das Pferd (aus dem sicheren Halten heraus) mit der Vorhand einen Halbkreis um die Hinterbeine beschreiben. Der äußere Hinterfuß beschreibt ebenfalls einen Halbkreis und zwar immer um den – im Schrittrhythmus auf- und abfußenden – inneren Hinterfuß herum. Die Hinterbeine dürfen nicht – im Gegensatz zu den Vorderbeinen – kreuzen.

-/-

▸ **In-and-Out:** Ein In-and-Out besteht aus 2 aufeinander folgenden Hindernissen ohne Galoppzwischensprung, d. h. springt nach der Landung (hinter Sprung 1) sofort wieder energisch ab (über Sprung 2). Diese Art von Hindernis erhöht sowohl die Geschicklichkeit und Geschmeidigkeit vom Reiter, wie auch vom Pferd.

▸ **Innere Losgelassenheit:** … bedeutet Ausgeglichenheit, Coolness des Vierbeiners.

In-Out

Innere Losgelassenheit z. B. auch durch entsprechende Haltung.

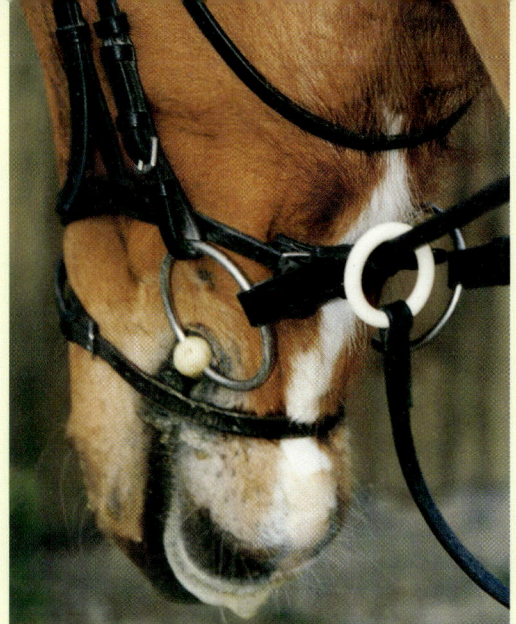

Martingal(-teilstück) und aktives Maul.

-K-

▸ **Kandare:** Bei dieser Zäumung hat das Pferd 2 Gebisse im Maul: Das Trensengebiss (ist verhältnismäßig dünn und heißt in diesem Fall Unterlegtrense) und ein ungebrochenes Mundstück (Stangengebiss) mit seitlichen Hebeln (in Verbindung mit einer Kinnkette).

▸ **Kappzaum:** Ein am Nasenriemen gut gepolsterter Zaum, der (darüber) mit mehreren Ösen (zum Ausbinden und zum Longe einhaken) ausgestattet ist. Verwendung findet dieser Zaum beim Longieren und bei der Handarbeit.

▸ **Kehrtvolte:** Sie ist im ersten Teil wie eine Volte zu reiten – am weit entferntesten Punkt vom Hufschlag aus wird dann jedoch in die andere Richtung – schräg, aber auf gerader Linie zum Hufschlag zurückgeritten und befindet sich anschließend auf der anderen Hand.

▸ **Konsequenz:** In Verbindung mit Geduld und Einfühlungsvermögen eine sehr wichtige Eigenschaft, die jeder Ausbilder und Reiter besitzen sollte.

▸ **Körperbeherrschung:** Ohne genügende Körperbeherrschung, Geschicklichkeit und Körperspannung in Verbindung mit einem guten Bewegungsgefühl ist der Reiter für ein Pferd nur „tote Last" und aus diesem Paar wird nie eine Einheit.

▸ **Krafteinsatz:** Wird beim Reiten zu viel Kraft eingesetzt, ist ein fein abgestimmtes Reiten nicht möglich.

▸ **Kreuzgalopp:** ... ist eine unerwünschte Art des Galopps, die meist durch falsche Hilfengebung entsteht. Der Betrachter hat das Gefühl, dass das Pferd z.B. mit den Vorderbeinen links galoppiert und mit den Hinterbeinen rechts herum (oder umgekehrt).

▸ **Kurzkehrtwendung:** Diese Übung erfolgt aus dem Mittelschritt, wobei die Schrittfolge (Hilfengebung und Abfolge der Bewegung) wie bei der Hinterhandwendung ist – das Pferd jedoch weder vorher noch nachher zum Halten kommt.

-L-

▸ **Leichttraben:** Im Gegensatz zum Aussitzen (der Reiter bleibt bei jedem Trabtritt sitzen) hebt der Reiter beim Leichttraben jeden zweiten Trabtritt sein Gesäß aus dem Sattel.

▸ **Loben:** ... verbessert die Zusammenarbeit zwischen Pferd und Reiter und sogar auch die (innere) Losgelassenheit.

▸ **Longe:** Eine etwa 10 m lange Leine aus Gurt, an der das Pferd im Kreis gearbeitet werden kann.

▸ **Losgelassenheit:** ... ist neben dem Takt wesentliches Ziel der Gewöhnungsphase. Merkmale der Losgelassenheit sind ein schwingender Rücken, natürliche – taktmäßige Bewegungen (ohne zu eilen).

-M-

▸ **Martingal:** Dieser Hilfszügel besteht aus einem Riemen, der am Sattelgurt befestigt durch die Vorderbeine des Pferdes, dann durch den Halsriemen verläuft und sich dort teilt – an diesen Enden befinden sich Ringe, durch die die Zügel geführt werden. Das Martingal findet vorwiegend beim Springen und im Gelände Anwendung, da es ein übermäßiges Hochwerfen des Kopfes verhindert.

▸ **Mentales Training:** Auch für Reitsportler ein nicht zu unterschätzendes Training, um sich optimal auf alles vorzubereiten.

▸ **Mittelpositur:** Zur Mittelpositur gehören Hüfte, Kreuz und Gesäß des Reiters – sozusagen das Becken, welches der Bewegung des Pferdes folgen muss. Gelingt dies, wird das als Mitschwingen in der Mittelpositur bezeichnet.

▸ **Mittelzirkel:** Dieser Zirkel wird in der Mitte der Reitbahn (im Radius von 10 m um X) angelegt.

▸ **Mustern:** ... oder auch Vormustern, bezeichnet die vorschriftsmäßige Vorführung eines Pferdes an der Hand, bei dem sowohl das Gebäude, wie auch die beiden Grundgangarten Schritt und Trab, beurteilt werden.

-N-

▸ **Nachfassen der Zügel:** Durch das Nachfassen der Zügel wird das Zügelmaß korrigiert. Beim Nachfassen liegen kurzzeitig die Zügel in einer Hand, damit mit der anderen nachgefasst werden kann – niemals sollte sich am Zügel nach vorn „gehangelt" werden – ohne den Zügel in die andere Hand zu übergeben, denn das wirkt störend und die Anlehnung kann dabei verloren gehen.

Nachgurten

▸ **Nachgurten:** Da der Sattelgurt (Voltigiergurt) nicht sofort fest angezogen werden kann/sollte, um Sattelzwang und Verspannungen zu vermeiden, muss nach kurzer Zeit der Gurt noch mal angezogen werden.

▸ **Nickbewegung (im Schritt):** Die Nickbewegung des Pferdes von Hals und Kopf, sowie es das Pferd beim natürlichen Schreiten fordert, wird von der Reiterhand und den Schultern- und Ellbogengelenken (durch Nachgeben im Rhythmus) zugelassen.

-O-

▸ **Ohrspeicheldrüse:** Sie befindet sich im Bereich der Ganaschen und überdeckt beim Stellen des Pferdes den Rand des Unterkiefers. Bei zu geringer Ganaschenfreiheit kann es dabei zu (schmerzhaften) Problemen kommen.

▸ **Olivenkopftrense:** Sie hat d-förmige Ringe, die mit dem Gebiss durch Gelenke verbunden sind und liegt dadurch etwas ruhiger, aber auch stabiler im Maul.

Ohrspeicheldrüse (Bereich hier optisch grau meliert)

-P-

Paraden: ... sind das Zusammenspiel aller Hilfen. Man unterscheidet „Halbe Paraden", zur Einleitung von Übergängen von einer Gangart zur anderen oder auch innerhalb der Gangart und zum aufmerksam machen vor einer neuen Übung oder Lektion, und „Ganze Paraden", sie wird von mehreren halben Paraden vorbereitet und führt aus jeder Gangart zum Halten.

Pass: Dabei werden die gleichseitigen Beine gleichzeitig vorbewegt und aufgesetzt – dies ist im klassischen Dressursport ein grober Fehler, wobei dies bei

Manche Reittiere sind typische Passgänger.

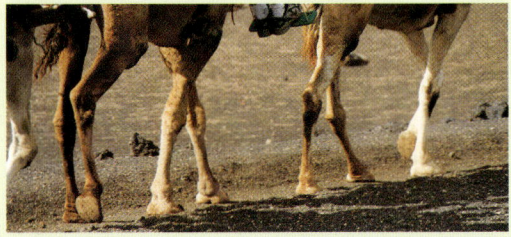

Gangpferden als erwünscht gilt und sogar noch geschult wird.

Passage: ... ist eine Trabbewegung in der Schwebe, d. h. das Pferd verharrt länger in der Schwebephase (hält das jeweils erhobene Beinpaar länger in der Luft als beim „normalen" Traben).

Pelham: ... ist ein gebrochenes Gebiss mit seitlichen Stangen und einer Kinnkette, wodurch es eine Hebelwirkung (ähnlich der Kandare) erhält. Es wird allerdings nur 1 Paar Zügel benötigt, da die Trensen- und Kandarenringe durch ein Lederstück verbunden sind.

Piaffe: ... ähnlich wie die Passage auch eine Trabbewegung, jedoch auf der Stelle. Die Beugephase der Beine wird hier deutlich betont.

Pirouette: ... ist eine Hinterhandwendung im Galopp – entweder als halbe (Halbkreis) oder als ganze Pirouette (volle Drehung um 360 Grad) ausgeführt. Der Dreitakt des Galopps muss erhalten bleiben.

Profi: Zu den Profis zählen alle diejenigen, die mit dem Reiten (Reitsport) ihren Lebensunterhalt verdienen.

-Q-

Quadratpferd: Das Maß/die Länge von der Brust bis zur Hinterhand ist genauso groß/lang wie das Stockmaß. (Widerristhöhe = Rumpflänge)

-R-

Raumgriff: ... ist abhängig von der naturgegebenen Veranlagung und dem Körperbau des Pferdes. Die Hinterhufe sollen über die Spur der Vorderhufe hinaus greifen. Im Trab und Galopp spricht man auch von mehr Bodengewinn.

► **Rechteckpferd:** Das Maß der Rumpflänge ist größer als das Stockmaß (Widerristhöhe).

► **Reflexionstextilien:** ... dienen der Sicherheit im Straßenverkehr und bei Dunkelheit.

► **Reithalfter:** Es verhindert, dass sich das Pferd durch Aufsperren des Maules den Zügelhilfen entzieht und vervollständigt somit sinnvoll die Zäumung. Welches der verschiedenartigen Reithalfter (hannoversches, englisches, kombiniertes, mexikanisches oder Bügelreithalfter) genommen wird, ist vom Pferd abhängig.

► **Reitwart:** Ausbilder mit Trainer-Lizenz.

► **Rennsitz:** Hierbei wird der Oberkörper so weit nach vorne genommen, dass er annähernd parallel zum Pferdehals ist. Erforderlich ist dafür ein sehr kurzer Bügel, fester Kniesschluss und ein senkrechter Unterschenkel, um das Gleichgewicht im Rennbahntempo halten zu können.

► **Renvers:** ... ist ein Seitengang, bei dem das Pferd in Bewegungsrichtung gestellt ist. Das Pferd geht mit der Hinterhand (in „Außenstellung und Außenbiegung") auf dem Hufschlag und die Vorhand ist mind. einen halben Schritt vom Hufschlag des inneren Hinterfußes entfernt „in die Bahn gestellt".

► **Rituale:** Pferde lieben Rituale, sie empfinden gleich bleibende (immer wiederkehrende) Vorgänge nicht als langweilig und eintönig, sondern als Annehmlichkeiten, aus denen durch die „Automatisierung" Ruhe einkehrt.

► **Ruhe:** Die sollte jeder, der mit einem Tier umgeht ausstrahlen und mit der nötigen Ruhe handeln, um Unfälle zu vermeiden.

► **Rückentätigkeit:** Durch das Durchschwingen der Hinterhand und das gleichzeitige Herantreten an die Reiterhand, an der das Pferd vertrauensvoll die Anlehnung findet, lässt sich das Pferd vermehrt im Rücken los und lässt den Reiter sitzen.

► **Rückwärtsrichten:** Der Bewegungsimpuls, der nach vorn gegeben wird, wird durch eine durchhaltende Zügelhilfe nach „hinten" rausgelassen. Dabei soll das Pferd weiterhin vor dem treibenden Schenkel bleiben. Die Fußfolge ist wie im Trab – also diagonal (2-Takt) eben nur nach hinten. Beendet wird das Rückwärtsrichten mit einer ganzen Parade. Die Anlehnung darf nicht aufgegeben werden und es darf auf keinen Fall am Zügel gezogen werden.

-S-

► **Sattel:** Der Sattel muss sowohl zum Pferd wie auch zum Reiter passen. Nur auf einem gut liegenden und richtig gebauten Sattel kann der Reiter korrekt sitzen und einwirken und sich das Pferd ohne Druck und Schmerz „frei" bewegen. Je nach Verwendungszweck unterscheidet man in der klassisch-englischen Reiterei: Dressur- , Spring- und Vielseitigkeitssättel. Es gibt natürlich auch noch unzählige andere (meist der Reitweise angepasste Sättel z. B. Westernsattel, Spanischer Sattel, Damensattel, Gangpferdesattel, ...).

► **Satteldecke:** Sie wird unter den Sattel gelegt und dort fixiert, um ein Verrutschen und damit Scheuern zu vermeiden, und dient dem Zweck, den Schweiß des Pferdes aufzunehmen und somit von der Sattelpolsterung abzuhalten. Ihre Form ist der des Sattels gleich.

► **Schabracke:** Dies ist ebenfalls eine Sattelunterlage und dient dem gleichen Zweck wie die Satteldecke. Sie unterscheidet sich nur in der rechteckigen Form, nicht unbedingt in Material und Qualität.

Sattel

Schabracke

Sporen

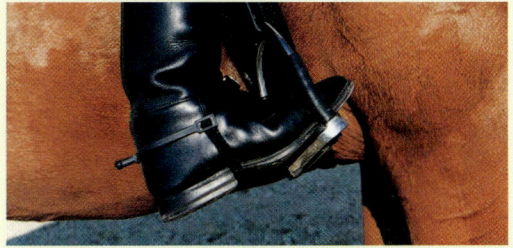

▸ **Scheuen:** Da das Pferd ein Flucht- und Herdentier ist, möchte es vor Dingen, die es erschrecken, gerne schon mal Reißaus nehmen.

▸ **Schlangenlinie an der langen Seite:** ... erfordert vom Pferd aus eine korrekte Längsbiegung und vom Reiter eine korrekte Hilfengebung. Wir unterscheiden einfache Schlangenlinie, dabei wird nach der Ecke am Bahnpunkt (M, F, K oder H) in die Bahn abgewendet und im Bogen zum Bahnpunkt in der Ecke vor der kurzen Seite zurückgeritten. Hierbei werden sozusagen 2 Handwechsel geritten. Die Entfernung in der Höhe E – B beträgt 5 m. Außerdem gibt es noch eine doppelte Schlangenlinie zwischen den Punkte M – B– F oder K – E – H an den langen Seiten werden dann – wie bereits beschrieben – 2 Bögen geritten, bei denen die Entfernung an der weitesten Stelle jedoch nur noch 2,5m beträgt. Hier werden 4 Handwechsel vollzogen.

▸ **Schlangenlinie durch die Bahn:** ... je nach Ausbildungsstand von Reiter und Pferd, jedoch in der Hauptsache 3 oder 4 Bögen, bei denen von der einen zur anderen langen Seite durch die Bahn geritten wird – die Mittellinie wird senkrecht gekreuzt und dabei die Richtung geändert. Sie beginnen und enden immer Mitte der kurzen Seiten bei A oder C.

▸ **Schlangenlinie entlang der Mittellinie:** ... werden ähnlich wie die einfache bzw. doppelte Schlangenlinie geritten – mit dem Unterschied dabei die Mittellinie immer wieder zu überreiten und dabei die Hand zu wechseln.

▸ **Schlaufzügel:** ... gehören nicht in ungeübte Hände bzw. sind nicht für Reiter geeignet, die von Natur aus zu wenig treiben. Sie dienen dazu, dass das Pferd nicht den Kopf hoch nehmen kann. Dadurch, dass sie am Sattelgurt festgemacht sind, durch die Vorderbeine verlaufen, weiter durch die Gebissringe und in der Reiterhand enden, ist die Gefahr groß (weil auch die Krafteinwirkung enorm groß wird), dass die Pferde damit nur „zusammengezogen" werden und nicht von hinten nach vorne ans Gebiss getrieben werden.

▸ **Schritt:** ... ist eine der 3 Grundgangarten mit schreitendem Bewegungsablauf im 4-Takt. Die Fußfolge ist gleichseitig, aber nicht gleichzeitig.

▸ **Schubkraft:** Die Hinterhand ist aktiver und fußt weiter in Richtung unter den Schwerpunkt, um später die Tragkraft zu entwickeln.

▸ **Schulterherein:** Das Pferd ist hierbei um den inneren Schenkel gebogen, die Hinterhand ist auf dem Hufschlag, die Vorhand wird so weit „reingenommen", dass inneres Hinterbein und äußeres Vorderbein auf dem gleichen Hufschlag gehen. Die inneren Füße treten vor die äußeren. Kopfstellung nach innen – somit gegen die Bewegungsrichtung gestellt.

▸ **Schwung:** ... ist der energische Impuls aus der Hinterhand auf die Gesamtvorwärtsbewegung des Pferdes.

▸ **Seitengänge:** ... werden sowohl gegen (z. B. Schenkelweichen, Schulterherein, Viereck verkleinern und vergrößern) – wie in die Bewegungsrichtung (z. B. Renvers, Travers) geritten. Die korrekte Hilfengebung ist hier (wie natürlich immer) für die korrekte Ausführung verantwortlich.

▸ **Sicherheitskappe:** Sie ist Hauptbestandteil der (Erst-)Ausrüstung eines jeden Reiters und sollte der Norm (DIN 33951 mit 3- oder 4-Punkt-Befestigung) entsprechen.

Viereck verkleinern (und vergrößern)

▸ **Sicherheitsweste:** ... noch kein „Muss" (außer bei Vielseitigkeitsprüfungen im Gelände), aber eine sinnvolle Ergänzung der Ausrüstung auch bei Springreitern. Sie schützt den Oberkörper bei Stürzen vor evtl. Prellungen oder Brüchen.

Für den Fotografen: Hüftknick (Sitzfehler)

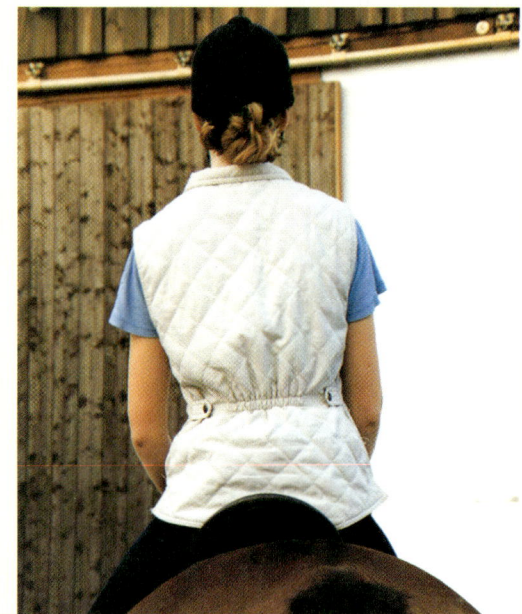

Sitzfehler : ... meistens durch mangelnde Losgelassenheit des Reiters hevorgerufen, zeigen sie sich in den unterschiedlichsten Fehlhaltungen (z. B. Stuhlsitz oder Spaltsitz), die z. B. durch falsches Rhythmusgefühl, fehlerhaft verpasste Sättel, keine Korrektur des Ausbilders, geringes Körperbewusstsein noch (im negativen Sinne) kompensiert werden.

Sporen: ... dienen zum einen dazu, feinere Schenkelhilfen zu ermöglichen und zum anderen, um die Wirksamkeit der Schenkelhilfen zu erhöhen. Voraussetzung zur Verwendung von Sporen ist es von allergrößter Bedeutung, dass der Reiter seine Schenkelhilfen bewusst und unabhängig vom Sitz geben kann.

Springsitz

Springsitz: Der Reiter entlastet bei dieser Art des „Sitzes" den Rücken des Pferdes, indem er seinen Oberkörper nach vorn neigt und dadurch sein Gewicht vermehrt auf Oberschenkel, Knie und Absatz verlagert. Die Bügel sind deutlich kürzer als beim Dressursitz verschnallt.

Stellung: Das bedeutet, dass das Pferd seinen Kopf im Genick (Gelenk zwischen Kopf und Hals) seitlich wendet. Die Längsachse des Pferdes bleibt in sich gerade.

Stimme: ... ist ein Hilfsmittel, welches (besonders bei jungen und ängstlichen Pferden) das Vertrauen des Pferdes erhöht.

Stoßzügel: ... ist ein Hilfszügel, der zwischen den Pferdebeinen hindurchläuft, an dem einen Ende am Sattelgurt befestigt ist und am anderen Ende (meist an einer Longierbrille) an beiden Gebissringen. Er dient dazu, dass das Pferd den Kopf nicht hoch nehmen kann, bietet dem Pferd jedoch keine seitliche Begrenzung/Anlehnung.

-T-

Takt: ... ist das räumliche und zeitliche Gleichmaß der Bewegung des Pferdes.

Tempo/Tempi: Bezeichnet innerhalb der einzelnen Gangarten die „Schnelligkeit" der Fortbewegung. Es muss jedoch darauf geachtet werden, dass es nicht zu einer eiligen Bewegungsabfolge kommt, sondern zu einer schwungvollen, fleißigen, bei der das Pferd über den Rücken kommt.

Tetenreiter: ... ist die Bezeichnung für den Reiter, der eine Abteilung anführt.

Trab: ... eine der 3 Grundgangarten im 2-Takt, das jeweilig diagonale Beinpaar fußt zusammen. Es wird dabei von (Trab-)Tritten gesprochen.

Tragkraft: ... wird nur erreicht, wenn die Entwicklungsphase der Schubkraft als einigermaßen abgeschlossen gilt. Durch vermehrtes Treiben in Verbindung mit durchhaltenden oder annehmenden Zügelhilfen wird die Schubkraft nicht wie beim Zulegen , durch eine nachgebende Hand herausgelassen, sondern über den durchlässigen Rücken in die Hinterhand zurückgegeben – und dadurch wird die Tragkraft erreicht.

▸ **Training:** „Ohne Fleiß kein Preis" ist sicherlich jedem bekannt und auch im Reitsport läuft nichts ohne gezieltes Üben/Trainieren.

▸ **Travers / Traversale:** ... zählt zu den Seitengängen, bei der das Pferd in die Bewegungsrichtung gestellt ist. Die Vorhand geht auf dem Hufschlag und die Hinterhand wird um den inneren Schenkel so weit gebogen, dass sie mindestens einen halben Schritt vom Hufschlag des äußeren Vorderbeins entfernt tritt.

▸ **Trense:** ... für die Grundausbildung des Pferdes (und des Reiters) die am besten geeignete Zäumung. Sie besteht aus 2 Hauptteilen: dem Trensenzaum mit Gebiss und Zügeln und dem Reithalfter.

-U-

▸ **Übergänge:** ... gibt es sowohl innerhalb einer Gangart (Zulegen-Einfangen) wie auch von einer Gangart in eine andere. Das Pferd muss dabei durchlässig auf die Hilfen des Reiters reagieren und dieser darf die

Vorbildlich: überstreichen

treibenden Hilfen (besonders beim Übergang in niedrigere Gangarten/Tempi) nicht vergessen, damit die Übergänge – wie gewünscht – fließend sind.

▸ **Überstreichen:** ... dabei gibt der Reiter über 2 – 3 Pferdelängen beide Zügelfäuste entlang des Mähnenkamms vor und nimmt sie anschließend in die richtige Haltung zurück. Diese Übung dient zur Überprüfung der Selbsthaltung, das Tempo bleibt unverändert, der Reiter treibt im Rhythmus weiter.

▸ **Unterhalsmuskulatur:** ... ist entweder durch falsches Reiten hervorgerufen oder weist in gewisser Weise auf einen Gebäudemangel hin. Da hierbei die Oberhalslinie – wie eigentlich erwünscht – nicht länger ist als die Unterhalslinie, versuchen sich diese Pferde nach oben herauszuheben und den Unterhals herauszudrücken. Solche Pferde durchzustellen bedarf schon einiges an reiterlichem Können und kann nur über einen längeren Zeitraum durch umarbeiten der Muskulatur langfristig geändert/verbessert werden.

-V-

▸ **Versammlung:** Die Hinterbeine nehmen durch die stärker gebeugten Hanken (Hüft- und Kniegelenke) vermehrt Last auf und treten weiter in Richtung unter den Schwerpunkt. Dadurch werden die Vorderbeine entlastet und der Betrachter hat das Gefühl, dass das versammelte Pferd bergauf geht. Die Schritte, Tritte und Sprünge werden kürzer, aber ohne Fleiß- und Aktivitätsverlust (bleibt im Trab und Galopp der Schwung voll erhalten).

▸ **Verwerfen:** Hierbei hält das Pferd den Kopf schief (die beiden Ohren stehen nicht auf gleicher Höhe), was dadurch entsteht, dass der Reiter die Stellung nicht durch den äußeren Zügel zulässt.

Volte: ... kann an beliebiger Stelle der Bahn angelegt werden und fordert vom Pferd die höchstmögliche Längsbiegung. Wird mit einem Durchmesser (je nach Ausbildungsstand immer kleiner) von 6 bis 10 Metern geritten. Der beschriebene Kreisbogen darf nur einen Hufschlag aufweisen, d.h. Vor- und Hinterhand sind aufeinander eingespurt.

Vorgurt: Bei einer schlechten (überbautes Pferd mit einem wenig ausgeprägten Widerrist) oder noch wenig ausgeprägten (z.B. bei einem jungen Pferd) Sattellage verhindert der Vorgurt ein Nachvornerutschen des Sattels.

Vorhandwendung: Das Pferd wird um 180° um die Vorhand gewendet. Hierbei tritt der innere Hinterfuß vor und über den äußeren und das äußere Vorderbein um das innere Vorderbein herum.

-W-

Wechselpunkt: Zu den Wechselpunkten gehören die Punkte M, F, K und H – diese sind jeweils 6 m von der kurzen Seite entfernt.

Widerrist: Übergang vom Hals zum Rücken, an dem auch die Höhe des Pferdes gemessen wird (Stock- und Bandmaß).

Wiehern: Lautäußerung des Pferdes.

Winterfell: Zum Schutz vor Kälte bekommen die Pferde im Herbst ein dichteres, längeres Haarkleid, welches im Frühjahr bei Temperaturanstieg wieder dem kurzen Sommerfell weicht.

Woilach: Eine aus der Militärzeit stammende Satteldecke/-unterlage, die sechs- oder neunfach zusammengelegt wurde und so unter dem Sattel lag,

Winterfell

Zum Vergleich: Sommerfell

dass die offenen Seiten nach links und hinten zeigten. In Pausen konnte er noch praktischerweise als Decke genutzt werden.

-Z-

Zirkel: Das Pferd bewegt sich auf einer kreisförmigen Linie, auf der eine beständige Biegung erforderlich ist.

Zügel-aus-der-Hand-kauen-lassen : ... zeigt, inwieweit Takt, Losgelassenheit und Anlehnung beim Pferd vorhanden sind. Der Reiter verlängert allmählich – immer so weit, wie das Pferd bereit ist sich zu dehnen – das Zügelmaß bis zum „langen Zügel". Das Pferd dehnt sich vorwärts-abwärts an das Gebiss heran, bis sich das Pferdemaul auf Höhe der Buggelenke befindet. Das Pferd bleibt im Gleichgewicht, behält Takt, Tempo und Gangart bei.

Service
Zum Weiterlesen

**Außer den anderen Bänden dieser Reihe
können wir empfehlen:**

Gast/Gast: Reiten lehren lernen;
FN Verlag, Warendorf 1999
Gast/Gast: Sattelfest?!
FN Verlag, Warendorf 2000
Gast/Rüsing-Brüggemann: Voltigieren lernen/lehren;
FN Verlag, Warendorf 2001
Gast/Asbahs: ABC im Pferdesport;
Broschüre und Lehrvideos, FN Verlag, Warendorf 1997
Tottle: Reiten mit Körpergefühl;
Müller Rüschlikon, Cham (CH) 2001
Aschwer/Himmerich: Gymnastik für Kids;
Meyer & Meyer Verlag, Aachen 2002
Quenzer/Nepper: Funktionelle Gymnastik;
Limpert Verlag, Wiebelsheim 1999
Hess/Gast: DressurREITERprüfung;
Waldhausenlehrvideo, Köln 1997

aus dem Kosmos Verlag:

Gohl, C.: Pferdekunde; Basiswissen rund ums Pferd;
Stuttgart 1999
Hölzel: Die Reitabzeichen;
Stuttgart 2000
Hölzel: Mentales Training für Reiter;
Stuttgart 2000
Krämer: Pferde erfolgreich motivieren;
Stuttgart 1998
Neumann-Cosel: Reitersitz und Reiterhilfen;
Stuttgart 2001
Stahlecker: Das motivierte Dressurpferd;
Stuttgart 2000

Nützliche Adressen aus dem Internet

http://focus.de/D/DG/DGC/dgc.htm
www.fitforfun.de/trainer/programme
http://home.t-online.de/home/sportkrankenhaus_
hellersen/artikel.htm
www.pferd-aktuell.de
www.kavalkade.de
www.pferdia.de

*...und noch mehr Tipps für große und kleine Leseratten
finden sich auf Seite 48...*

Impressum

Umschlag von eStudio Calamar unter Verwendung
von zwei Farbfotos von Ulrike Gast.

Mit 69 Farbfotos und einer Zeichnung (S.39)
von Ulrike Gast.
Die Grafiken auf Seite 5 sind von Cornelia Koller,
Schierhorn.

Die Deutsche Bibliothek –
CIP-Einheitsaufnahme
Ein Titelsatz für diese Publikation ist bei
der Deutschen Bibliothek erhältlich.

Gedruckt auf chlorfrei gebleichtem Papier

© 2002, Franckh-Kosmos Verlags-GmbH & Co.,
Stuttgart
Alle Rechte vorbehalten
ISBN 3-440-09390-5
Redaktion: Katja Metzler
Gestaltungskonzept: eStudio Calamar
Satz: Atelier Krohmer, Dettingen / Erms
Produktion: Kirsten Raue / Markus Schärtlein
Reproduktion: Master Image, Singapur
Printed in Germany / Imprimé en Allemagne
Druck und Bindung: Huber KG, Dießen

Kosmos Verlag
Mitglied in der
Deutsche Vereinigung zum
Schutz des Pferdes e.V.
Wienkamp 11 rechts
46354 Südlohn